宁河区"三名"培养工程成果系列丛书

新课程理念与初中化学教学

曹凤桐 ◎著

天津出版传媒集团

天津人民出版社

图书在版编目(CIP)数据

新课程理念与初中化学教学 / 曹凤桐著. -- 天津:
天津人民出版社, 2020.11
(宁河区"三名"培养工程成果系列丛书)
ISBN 978-7-201-16619-3

Ⅰ.①新… Ⅱ.①曹… Ⅲ.①中学化学课–教学研究
–初中 Ⅳ.①G633.82

中国版本图书馆 CIP 数据核字(2020)第 214182 号

新课程理念与初中化学教学
XINKECHENG LINIAN YU CHUZHONG HUAXUE JIAOXUE

出　　版	天津人民出版社	
出 版 人	刘　庆	
地　　址	天津市和平区西康路 35 号康岳大厦	
邮政编码	300051	
邮购电话	(022)23332469	
电子信箱	reader@tjrmcbs.com	

责任编辑	陈　烨	
装帧设计	汤　磊	

印　　刷	北京虎彩文化传播有限公司	
经　　销	新华书店	
开　　本	710 毫米×1000 毫米　1/16	
印　　张	13.75	
字　　数	220 千字	
版次印次	2020 年 11 月第 1 版　2020 年 11 月第 1 次印刷	
定　　价	58.00 元	

目　录
Contents

第一章

新课程理念的趋势与发展

第一节　新课程理念的趋势与发展

1.新课程理念

新课程改革融入了三大基本理念,即关注学生发展、强调教师成长、重视以学定教。

(1)关注学生发展

新课程理念背景下,在课堂教学中要通过有效的教学评价来促进学生的发展。教师在开展教学阶段,首先要确立教学目标,按照课程标准以及教学内容的科学体系,开展有序、系统的教学,逐一完成技能传授、知识传授的基础性目标,与此同时,要高度关注学生发展性目标是否形成。其次在开展具体教学阶段,作为教师需要高度细化研究课堂的教学策略,探究如何激发学生的热情,充分体现出学生的主体性,鼓励学生自主探究,从而高效实现目标教师的角色定位。要做一名引导者以及学习方法的建立者,而并非传统模式下的单纯知识传授者,需要充分发挥学生在教学过程中的能动性,才能实现对学生发展的真正关注。

(2)强调师生成长

所谓强调教师成长,即站在新课标理念评价目标的要求下,对课堂教学的评价应沿着如何促进教师成长的方向去发展,其重点并不在于鉴定具体的教学结果,而是通过有效的方法去诊断学生在课堂中所提出的问题,从而制定教师正确的个人发展目标来满足教师自身的职业发展需求。

(3)重视以学定教

新课程理念下课堂教学需要高度体现出学生的主体性,以学生发展为本的角度对传统课程的教学评价充分改革,用学生的学来评价教师的教,充分运用以学论教的评价思想开展课堂评价,通过学生在学习中所呈现的状态作为参照来评价一名教师的教学质量,而这一状态包括学生学习过程中的参与状态、思维状态、注意状态、生成状态、交往状态和情绪状态六个方面。

①参与状态,教学中学生们是否全员参与,同时是否能够以主动、积极的态度投入到学习思考中并积极开展练习;

②思维状态,课堂上学生是否围绕教师提出的讨论问题积极思考、踊跃发言,同时学生回答问题时是否有条理、表述流畅,是否擅长利用自己的语言来充分阐述观点,遇到问题是否有质疑的勇气,是否能够提出有价值的问题,同时学生对问题的回答是否有自己的思考和一定的创意;

③注意状态,课堂上学生是否始终关注教学内容的主要问题,是否具备较长时间的注意力,学生的目光是否始终追随发言者,即课堂上的老师或是学生,学生倾听阶段是否全神贯注,回答问题所阐述的内容是否具有针对性;

④生成状态,学生通过学习后,是否掌握了应当掌握的知识,是否全面完成学习目标,学生真正的学习能力、创新能力、实践能力是否通过学习后得到了增强,学习过后学生自身是否获得成功的喜悦、积极的心理体验或是满足感,是否对未来的学习充满信心;

⑤交往状态,课堂教学阶段,课堂气氛是否和谐、民主、活跃,在学习中学生之间能否友好地合作、分工、写作,能否虚心听取他人的意见,是否尊重他人的发言,在遇到学习困难时学生是否会主动寻求他人帮助或是主动与他人进行交流,通过学生之间的协作共同解决问题;

⑥情绪状态,学生是否对于学习具有浓厚的求知欲、兴趣和好奇心,并且能否长时间保持学习兴趣,能否在学习中找到自我控制、自我调节学习情绪的方法,学习的过程是否开心、愉悦,学生的求知欲是否会通过教学不断被激发,即求知欲是否不断增强。

2.新课程发展趋势

在了解新课程三大核心理念的背景下,作为学生的引导者与知识传授者,教师需要高度明确新课程改革的趋势,即在新课程改革背景下,新的理念、新的观点都促使教师、学生、课程三个维度建立全新的观念。

(1)**教师新观念**

新课程将促进教师建立全新的教学观,即在新课程背景下,教师要整合教学、建立高互动性的师生关系,并构建结论过程统一、认知与情感统一的素质教育课堂体系,同时建设一个充满生命力的教学运行体系,教师需要在教学中担任全新的综合性角色,即学习者、研究者、组织者、引导者、催化者、促进者、实践者、课程开发者,且教师在教学中要建立全新的课堂观,通过沟通、对话、交往、探究、合作以及展示的平台作为学生学习激情的鼓动器,让学生带着疑问进入课堂,带着更多的答案走出课堂。

(2)**学生新观念**

新课程改革背景下,学生需要改变传统被动旁观者的学习模式,教师需要引导学生明确在教学过程中自己是主动的参与者,同时明确学习并非简单的复制信息,而是主动解释信息、建立知识的意义,教育者的知识传授是知识的第一次创造,而学习者则是对信息第二次创造。

(3)**课程新观念**

新课程背景下,课程方面将形成一些新观念,第一,将会形成全新的课标观,教学大纲的变动、课程目标的改变并非仅仅名称层面的变动,更是更深层次的更替的教育视角与教育理念,课程标准不再围绕教学内容,而是围绕学生学习的结果,这一结果具有可描述、可达到、可评估的特点,而并非可望而不可即或是描述不清。在新课程改革背景下,将围绕认知、感情、动作技能三个维度制定课程标准,在这一标准下教师将不再是单纯的教科书教授者,而是教学方案的设计参与者。第二,新课程背景下将会形成全新的教材观,教材是达到课程标准的内容载体,同时亦是教师教育学生的主要工具之一,课程标准是新课程的灵魂,教材则是新课程的肉体,新课程下的教材观是利用教材教学,而并非教教材,彻底打翻经验主义下的"教比不教好,多教总比少教好"思想。第三,新课程将促进形成新的作业观、方法观和目标观,首先是作业功能将重点强调形成性与发展性,作业内容将体现出探究性与开放性,作业形式将体现出多样性与新颖性,同时作业容量上将充分考虑差异性,而最后的作业评判则高度重视激励性和过程性。新课程下,教学方法主要倡导合作、自主、探究的学习方法,而目标观则会形成全新的三维教学目标,即知识与技能、过程与方法、情感态度价值观。

第二节 新课程理念与传统理念的区别

新课程与传统课程理念的本质区别在于:传统课程下,认为课程就是知识,而教师就是知识的传授者,同时亦是教学的中心,学生是知识的接受者;而新课程理念下则认为课程不仅仅是知识,同样亦是活动和经验,课程也不仅仅是文本,更多的是体验内容,新课程理念让课程不再仅仅是知识的载体,而是教师与学生在教学中共同探求新知识的一个过程,学生获取知识的过程是自我构建的过程。

传统课程理念下认为课程是教材,教材又是知识的载体,继而教材就是教学的中心,但是新课程理念下则认为课程是教材、教师、学生、教学环境四大因素的整合体,教师和学生都是课程资源的共同开发者,教师、学生、课程三者共创共生,形成一个学习共同体。新课程理念下,每一个学生都带着自身的经验、背景以及自身对课程的独特感受,来到课堂同教师与其他学生进行交流,这本身就是课程建设的一个过程,学生从其他同学身上和教师身上所学到、得到的经验和内容远远比教材中得到的要更多。

传统课程理念下课程与教学二者相互分离,教师在教学过程中本身只持有教材意识,仅仅知道教材、教参、教学大纲以及教学计划,而站在新课程理念角度下,则认为课程与教学二者是密不可分的,课程又是教材、教师、学生、教学背景,以及教学环境所构成的一个系统性的生态整体,正是上述理念的不同才促进了我国教育新课程背景下的深度改革。

第三节　新课程理念的特点

新课程理念开展课堂教学,其主要特点集中于"实""趣""活""疑""效""情"六字:

(1)新课程之"实"

新课程理念特点之"实",即新课程理念下的教学,宁要真实的遗憾也不要虚假的完美,教师在开展课程教学阶段,不走过场,不摆花架子,一切以扎实、真实、充实入手,课程内容真实,且教师自身真实、教人唯是,通过教学内容的充实、交流的充实和训练的扎实,将教学目标落实。

(2)新课程之"趣"

新课程理念特点之"趣",在高度重视以学定教的新课程理念下,新课程理念可促进课程教学过程中学生的兴趣,利用情境创设、游戏、实验、假设等与现实结合的形式高度引发学生的学习兴趣,并在扩展中充分激发学生对问题的思考,加深学生的求知欲。

(3)新课程之"活"

新课程理念特点之"活",新课程理念下,高度和谐、民主的教学环境可将教学与学生的情况充分融合,多元化、综合性的合作学习活动不仅促进学生相互协作的能力,使学生互相鼓励与督促,让学生实现思维碰撞,更能为学生提供创造语言的机会,建立师生之间融洽的交流渠道,在充分尊重学生选择、张扬个性的教学过程中充分激发学生的创造欲望,使课堂气氛活跃,知识活学活用。

(4)新课程之"疑"

新课程理念特点之"疑",一个好的课堂必然充满疑问、充满探索,若一堂课一开始便不存在任何质疑,要么就是教学内容太难,要么就是教学知识过于肤浅。新课程理念下,教师会以循循善诱的形式引导学生带着好奇心与求知欲走进课堂、走向知识,在促进学生自主学习基础上通过教师设疑,引导学生大胆提出质疑,敢于挑战权威、挑战教师,摒弃仅存一个答案的做法,这一方式可充分保护学生的创新思维与探索精神,让学生敢于发表督导的见解,实现新课程理念下课堂的"学问、问学",在问中学,在学中问,学生议、学生辩,展现学生蓬勃的智慧风采与生命力。

(5)新课程之"效"

新课程理念特点之"效",让课堂上每一名学生都具备学习效率、有事可做是一堂好课的基本要求,所谓课堂的"效",即一节课学习完成后对多少学生是有效的,这些学生的效率有高有低,那么又有多少是效率高的,多少是效率低的。若对学生无效的数量大于有效,或是效率低的学生大于效率高的学生,那么这堂课就是一堂失败的课。站在这一角度,新课程理念下趋于高度关注学生、教师的成长思想,课堂始终具备极大的能量,学生通过学习都会发生变化,且课堂上学生都有事可做,对于知识的理解都一定程度的加深,而这些内容都是能够促进学生发展的"有效教学"。

(6)新课程之"情"

新课程理念特点之"情",课堂上师生之间的情感交流,是形成和谐、民主课堂的核心因素,新课程理念下,学生可以在学习中获得成功的心理体验与激励。在高度重视学生的教育主体背景下,教师高度尊重学生差异、学生见解,通过因材施教,在有互动、有交流、有沟通,即有"情"的因素下,充分激发学生的热情与自信,从而构建高效教学、生活化、个性化、人性化、兴趣化的教学课堂。

第二章

新课程理念对课堂教学的影响

第一节　内容的影响

新课程理念下对教学内容的改革，致力于引导学生利用自身已经具备的知识与经验主动去探索知识的发生与发展。与此同时，新课程理念下内容的变化也有助于教师开展创造性教学，教学内容的选择更加符合课程标准的要求，主要以体现学生身心发展特点为基础，充分反映出社会、经济、科技以及政治的发展需求，教学内容的组织更加多样化、生动化，同时提出实验、观察、操作、讨论与调查并举，充分开发并合理利用各种课程内容与课外资源，发挥学校实验室、图书馆、专业教室、各类教学设施的教学作用，广泛利用图书馆、博物馆、科技馆乃至工厂、农村和部队、研究院等社会资源，开发信息化课程。总体分析，在新课程理念下，教学内容受到如下影响：

(1)倾向于时代性

教材选择、内容的编排、课程结构设置更加倾向于时代性，学生在学习后可有效提高对社会发展的适应度，如将社会时事、网络用语、网络符号加入教科书中。

(2)内容更加实用

剔除更多传统课程理念下的说教文章、内容，更加强调教学内容的实用性，加大课程密度，让学生有更多时间接触更多的课外知识。

(3)核心素养要求

教师教学内容作为课程内容下的重要环节，在新课程理念之下，教师教学的内容从传统模式下单纯利用教材开展教学，转变为准确掌握新课程理念下的三维核心素养要求，以及课程的侧重点，同时在教学阶段需要设计例题习题、知识巩固强化等相关内容。

(4)更强的实用性

新课程理念下,作为教学内容主题的教材焕然一新,相比传统教学理念下的教材,新课程理念下的教材。如语文教材,从课本内容选编、导语、学习活动都按照一定的专题组织开展、安排,内容更加能体现出时代意识,且教材的呈现方式相比传统课程理念下的教材更富有导学特色和亲和力,数学、化学、物理等教材。则更加重视贴近学生生活,即教材内容转变为生活中的化学、物理、数学,同学生的生活息息相关,让学生认识到自身所接触的教材,为"真正有用"的教材。具体而言,即加设教材内容的实用性,减少了更多抽象属性和概念,避免了过于专业化与成人化,让教师、学生都能够准确地把握教材知识点,准确理解教材编写者的意图,教材的代入感让学生进入教材的天地。

(5)更强的导读性

在新课程理念下, 教师开展教学阶段应用的教师教学用书内容同样发生了变化。相比传统课程理念下教师教学用书完全同教材相对应,其内容简单、缺乏创造性的特点,新课程理念下,各大图书出版商、教学出版商在编制教师教学用书阶段,为迎合新课程改革,帮助教师更好地贯彻新课程理念目标,在教师教学用书中都以导读、教材解读、教学目标、教学建议四大知识维度编排内容,在导读中会充分对整个教材的结构、主要特点、教学需要注意的问题加以阐述,让教师可以充分把握教材的教学依据,使教师在新课程理念下做到对教科书的"胸有全册",制定具有创造性、先进性的教学方案。

(6)更利于师生对话与学生主动思考

教材内容原则发生转变,在新课程理念下,各学科的教材皆遵循利于师生对话、利于学生主动思考的原则。

①利于师生对话

新课程理念下,不论中学、小学,其各科目的教材都不仅仅是"教学实施的唯一依据",而是转变为学生获取知识的一种主要工具,是学生与教师沟通、学习的手段。因此,在新课程理念下的课堂教学,教材往往被更多学生与教师看作是一个话题,学生与教师在各种学科、各个知识领域的方方面面下围绕教材开展多次数、多层次的对话，通过教材的辅助，让学生从对知识的未知走向已知，从对学科的浅显走向深刻，从教学内容的表象走向本质。以中学数学"导数的应用、求函数单调性"为例，实际上教材仅仅回顾了对函数单调性的定义，并未通过观察二次函数的图像来获取导数的正负同函数单调性的关系，如此学生必然产生两点疑惑，即为何通过讨论函数的单调性会关联到切线斜率正负，以及函数的增减性和导数的知识之间有何关联。而这些书本上仅介绍概念的内容，只有通过师生之间多次的沟通与对话，才能够使教学真正达到拨开云雾的效果，故新课程理念下的教学能让教材编写更加利于引导师生之间的对话，让师生将教材作为对话的原材料，通过教材话题让学生实现"既知其然，又知其所以然"。

②利于学生主动思考

大量教学研究成果皆表明在开展课堂教学阶段，只有设置的问题利于学生积极思考、主动研究，才能够最大限度地提升教学的效率和效益，而如何达到这一目标始终是国内外学者深度研究的问题。站在新课程角度下，教学内容站在学生"最新思维发展区"内，让学生思维跳一跳便能摘到知识的"果子"，随后的内容带有一定的思考性与趣味性，短时间内抓住学生注意力，再次是通过教学内容的变动引起学生的认知冲突，或是引起学生的惊讶等心理反应。此刻教师、学生就需要将教材作为原材料，通过精心的重组、加工、探究，以现货的形式为学生解惑，让学生明确地了解教材课本内容和更有深度的知识。

第二节　结构的影响

新课程理念下开展课堂教学,着眼于从"知识到技能""过程与方法""情感态度与价值观"三大维度以及核心素养来促进学生全面和谐发展,提升学生的科学素养,而在新课程理念下,课堂教学的结构也得到进一步优化。

1.课堂教学结构优化理论依据

通常,结构主义者会将结构看作现象中各个部分或是要素之间的关系的组合,这些部分和要素,只能够在这种关系的组合基础上构成一个整体,从而获取意义。教师在开展教学阶段,课堂教学结构是构成教师教育课程体系各部分之间排列、配合、组织的形成,站在系统科学的角度下,结构直接决定着系统功能的大小以及系统的性质,即"结构决定功能",而课堂教学的功能主要体现在培养目标上,所以课堂结构和培养目标二者有着密切的关联,结构的优劣直接决定了培养目标的实现程度,而课堂教学阶段的结构优化是直接推进目标实现的重要手段。

在新课程背景下,课堂教学的结构优化指的是在社会需求、培养目标以及学生成长的整个大系统中检验课堂教学设置、以实现在规定的学制时间内和现有的条件下取得最佳的教学效益。具体分析,课堂结构优化的基本要求是,第一,要通过合理的排列、课程优化组合实现教师教育的培养目标,实现为国家社会输送高质量的人才;第二,课堂优化结构之后,课堂教学需要符合专业知识的内在逻辑序列,按照实践和理论相互统一的原则进行课程安排,高度重视课程的连续性与协调性,形成一个严谨而完整的知识学习与技能训练课程体系;第三,课堂教学结构需要符合当前年龄段学生的身心成长特点以及内在规律,需要最大限度地将学生主体的学习积极性加以调动,让学生在和谐、民主的环境中主动完成学习任务；第四，课堂教学结构的优化应当适应现代社会对于人才的需要，同时又要能够充分反映出社会需求的变化，具有一定程度的超前意识。站在结构决定功能的原理之下，围绕如下五大基本原则开展课堂教学结构优化：

(1)科学性与思想性统一

强调教学阶段必须满足科学性、思想性的二者统一，优化课堂教学结构阶段，师生应当学会科学的知识、科学的技能以及科学的方法，高度重视课程内容所展现的思想性，充分结合教学知识，间接培养学生的道德、品质，避免知识与道德品质相互分离、脱节，实现学生全面发展的教学目标。

(2)知识与能力统一

新课程理念下教师开展教育工作，需要满足授受知识与培养能力二者的统一，在课堂教学结构优化阶段，必须高度注意学科的新旧知识关联，培养学生正确、良好的认知结构，并高度强调注重培养学生自身能力，特别是对于科学问题的分析、解决能力、创造能力，以及学生自学能力、动手操作能力乃至于学生适应社会的能力，让学生在学习科学知识过程中，让知识储备和自身能力同步发展。

(3)智力与非智力因素统一

优化课堂教学结构阶段要实现智力因素、非智力因素的二者统一，优化过程下，不仅要高度重视智力因素的培养，以充分发挥学生自身具备的记忆、想象力、思维、知觉等一系列智力因素功能，加强各个因素之间的联系，有效促进学生对于知识的掌握，同样也需将非智力因素摆在同智力因素相同的高度，并将培养学生的非智力因素落到实处，让智力因素、非智力因素二者互相渗透、互相促进，让学生身心获得和谐发展。

(4)反馈调节统一

优化课堂教学结构阶段，应当及时地获取来自学生的反馈信息，同时及时地调节、强化课程内容和的设置，实现对知识授受的有效控制，即形成反馈、调节二者的和谐统一。

(5)全面性与个性化统一

新课程理念下开展课堂教学结构优化,要将课堂教学目标指向学生的全面发展,课堂内容要保证多样化、丰富化,不仅可以满足全体学生全面发展的需求,同时又要兼顾每一名学生的个性化要求。教师在优化结构期间应当合理地加大活动课程在课堂教学中的所占比例,同时需要注意通过各种课程内容的创新,如建立技能课程、潜在课程、实践课程,有效锻炼学生的多种能力,让学生适应社会、积极参与竞争,即实现全面性发展,同时推动学生的个性化发展。

2.课堂教学结构优化点分析

课堂教学结构是教师在向学生教授过程中多个要素、多个部分合乎规律的组织形式,开展课堂教学阶段,需要以社会需要、学科知识体系以及每一名学生的自身发展作为切入点,建立满足基础教育需求、满足于社会人才需求的教学体系, 在课堂教学过程中高度重视潜在课程的建设工作以及加强基础核心内容的设置,并融入多种技能型课堂的教学内容,如实践性内容、技能性内容、活动性内容以及创新性内容,围绕如下教学优化点开展课堂教学优化工作。

(1)优化显性内容

显性内容,即为了实现新课程理念下的教学目标,新课程理念下的课堂教学结构,提出教师需要将目的明确、计划周详、组织明确的课外训练或是实践活动融入课堂教学当中。在传统教育方式下,长久以来教师在教育中对于显性课程都是片面地强调基础知识和基本原理在素质形成过程中所发挥的作用,而大多都忽略了实践内容、技能训练内容、活动内容和创新能力内容在开展义务教育阶段所产生的作用。为了解决这一问题, 在新课程理念下,对在教学课堂结构中的显性课程做出了三个层次的优化。

第一层:基础性课程。在传统理念下,基础性课程的设置严重存在着理论知识大量重复、学生学习负担重、教学效率较低的弊端,并没有良好地体现出基础课程应当有的基础性特点, 在此结构下教出的学生普遍具有十分明显的单向、线型平面的低功能知识结构特点。新课程理念下为了克服这一问题,要求教师在课堂教学阶段充分扩宽学生的知识面,秉持"见多才能识广"的原则,推动学生对于知识的理解深度,防止学生出现偏科,高度重视各个学科的相互渗透,充分开拓学生的视野。

第二层:技能性内容。在新课程理念下,要求教师在提升学生技能水平前必须狠抓教师自身技能的训练,以适应未来新课程理念下中小学教育发展的需求。首先新课程理念要求教师必须将教育学科作为必修课程开设三到四年,贯穿整个高等师范教育的始终,包括思想史、哲学教育、国内外教育改革动态、学校管理、普通教育学、健康教育、社会教育、青少年心理学、家庭教育以及美育等,让教师处于学生阶段就能够对未来工作中可能涉及的教育知识有所了解,随后将之视作为未来踏入教学岗位的实践服务工具,成为教育工作的行家里手。同时,学校在新课程理念下为教师增设了教师的基本技能训练课程,并将其贯穿于学校学习阶段、工作阶段的始终,不断接触全新的教学技术与教学设备,并且不断加强教师对现代教育技能应用能力。在此背景下,可以让教师充分运用学校现有的现代化教学设施与手段开展教学技能型活动设计,即开展各学科教学阶段可充分借鉴自身的教学知识、掌握的科学、先进教学手段以及自身的学习经验,为学生设计出合理的技能性课程,如多媒体活动、实验活动等,以有效巩固学生学习的理论知识,使学生掌握的知识内容成为真正有用的内容。

第三层:实践性内容。学生自身所具备的能力是在课堂学习与生活实践中逐步发展而成的,在新课程理念下,国家为教师和学生提供了诸多可以了解与课本知识相关材料的渠道,课堂教学的结构已经不再拘泥于单纯的统一教材,教师可以让学生在学习课本内容期间在课堂教学实践内容中获得更多的科学知识,从而在提升学生对学科理解程度的基础上提升学生的自身动手能力,以及遇到问题期间的思考能力和解决问题的能力。

第四层:活动内容。在人类发展史中,活动是人类存在与健康发展的基本要素,同样也是人类主体性生成的源泉与动力,人类的活动是全部价值存在与发展的本源,新课程理念下要求教师将活动内容融入课堂教学中。教师会遵循新课程理念下的三大核心目标，定期为学生开展各类知识竞赛活动，以及团队协作、团队操作活动等，使学生通过各类活动内容总结出自身的不足，通过有效的团队合作相互促进和激励每一名学生提升自身的学科素养，并使学生更加靠近学科的本质，通过活动的实操性弥补对理论内容仅具有表象理解的弊端。

第五层：创新能力内容。苏联著名教育学家沙塔洛夫曾表示，学生创造性的源泉是教师的创造性，因此可以说学生思维能力的强弱和教师的创造性教学水平有着密切的关联，二者互为反馈、相得益彰。如果教师拘泥于传统思维下的机械性教学思维，那么必然不利于学生创造思维的成长与发展，让学生的创造力在填鸭式教学中逐渐萎靡，失去生命力。新课程理念下，高度强调教师需要培养学生的创新能力，定期在课堂中融入创新内容，围绕如下两个角度开展创新能力培养，第一是通过心理辅导提升学生良好的心理品质；第二是思维训练，通过学科教学内容的形式逻辑、辩证逻辑，结合信息论、控制论、协同学等多个课程，有目的，有计划地对学生的思维能力进行训练，提升学生的思维素质和思维能力。

（2）开发潜在内容

新课程理念下，课堂教学内容结构由传统理念下以课本为中心的方式，转变为课本内容、潜在内容融合的课堂结构，即教师在课堂教学过程中融入的、对学生自身知识结构间接起到影响的一系列无意识、非正式的内容。这些内容蕴含在课堂教学的各个情境中，如课堂环境、课堂学习的气氛、师生关系、同学之间的关系、教师的人格、教师的组织、法令规章以及对学生的评鉴制度当中，这些潜在内容对于学生对知识的理解以及学生的身心发展都至关重要。课堂结构中的潜在内容，其负载的是教育环境信息的渗透，能够以潜移默化的形式对学生的知识掌握程度、学习阶段的情感、对学习的信念、学习的意志力、行为以及价值观起到正面、积极的作用，让学生心理状态在无意识的情况下得到文化心理层内容的转变，即通过课堂结构转变学生的心理结构、思维结构与知识结构。

虽然课堂教学中的潜在内容通常都不会在教师的教学计划中展示，但是可以有效地促进或是干扰教育目标的实现。传统教育模式下长期注重显性内容、忽略潜在内容的进课堂教学结构,过分强调学科知识的掌握程度,不重视学生的个人需要、兴趣、心理因素,这种课堂设计的"偏脑"问题会在学生身上留下十分鲜明的特征。相比欧美发达国家,我国的学生更擅长逻辑、记忆技能,但是在交往、创意、情感以及团队合作方面在一定程度上落后于欧美国家,因此新课程理念下,为了转变这一长期存在的弊端,提出了高度重视潜在课程内容的开发,高度关注学生的需要、学社兴趣以及学生的个性化发展的理念,通过课堂结构的调整,让学生智商、情商两方面和谐发展的理念,使学生不仅善于学习,更善于合作、善于创造。

第三节　方式的影响

　　传统教学理念下,其教学模式缺乏合理性主要体现在如下几处:第一,各科目课程的教学内容主要以教科书为主,教师在课前准备教案阶段也主要围绕教科书开展教学计划的制定,忽略了学生的实际需求以及社会对于人才的需求。第二,传统课程理念下,课堂以教师为中心,教师占据绝对的主体地位,单方面向学生传授知识内容。在这种方式下首先忽略了学生的主体性,学生不具备应有的发言权,同时这种统一式的教学忽略了学生的差异化,在这种形势下很多学生学习感觉十分困难,且在学习中多数时间也只能依靠自身的能力去理解教师所传授的内容。第三,传统课程理念下,教师严格按照课本上的内容开展教学工作,而课本上的内容往往对知识仅做出概念性解答,这种方式下制约了学生对于课程内容的深度理解,同时也会导致学生的学科知识面狭窄,一旦在考试中遇到原题的变形或是内容迁移,学生往往感觉到吃力、不知所措。第四,在以教师为中心的教学模式下,一些学科如化学、物理学科,实践操作都由教师来操作,以实现向学生展示的目的,学生无法亲身体验,对于知识的理解程度只停留在表象,并且这一方式也严重遏制了学生对学科的兴趣,不利于学生自身科学素养的提升。第五,传统课程理念下,教师更加注重理论性知识的传授,忽略了课堂实际训练,学生往往掌握了大量理论知识,却无法将知识在生活中加以运用,这一形式严重遏制了学生对于知识的探索思想以及学生对于学习的兴趣。

新课程理念下,课堂教学模式得到大幅度转变,区域新课程理念关注学生发展、强调师生成长、重视以学定教三大核心理念,课堂形式发生如下转变,良好地解决了传统课程理念下的弊端。

1.加强了问题设置与资料收集

新课程理念下,为改善传统课程理念下以教科书为主的课堂教学方式,加强了教师对于学生课外自主合作学习、自主收集资料的引导工作,要求教师依据教材的内容,设置出一些明确的问题,随后以问题为基础让学生通过各种渠道开展资料收集,通过各小组组长汇总以后,将小组的研究成果或是个人研究成果在课前向其他同学展示。展示方式或以文字形式或以图片形式为主,也有汇总成报告的形式。相比传统教学思维下单一的课本内容,学生们更愿意看到自己的作品和其他同学的作品内容,更具亲近感,同时通过直观的对比也更加容易看到在学习过程中可能出现的问题,以及深度了解即将学习的内容,让学生的内心对于知识的学习充满新的想法。例如在学习碳和碳的氧化物阶段,教师会基于新课程理念提出碳与碳的化合物的问题,随后让学生在课余时间进行问题收集、资料图片整理,不仅可以有效调动学生学习的积极性,亦可有效推动学生养成自主学习,增强自主收集材料的能力,并在一定程度上提升学生参与社会、实践活动的能力与经验。

2.提高了课堂交流写作的重视程度

为了改善传统课程理念下以教师为教育主体、缺少沟通的弊端,新课程理念下提出学生在课堂教学阶段以自主合作探究的形式开展理论性较强的课程的学习,同时要求教师认真细化设计,让学生合作探究学习的内容。此举可以有效减少大部分学生的学习障碍和一些课程上难以独立完成的内容。在教师设计学生与学生之间交流相互协作,分组讨论的形势下,那些原本独立完成较为艰难的内容,反而会转变成培养学生协作能力与他人合作习惯,有效消除学习障碍的学习方法。因此在新课程理念下,通过有效的讨论交流或是协作设计,可有效提升学生对于学习的信心以及学科的兴趣,并深度培养学生的协作能力,社交能力以及解决问题思考问题的能力。

3.提升了课堂知识的迁移与创新

为了解决课本上内容,仅对一些知识做出概念性解答,导致学生对课程内容理解不深、知识面狭窄的弊端。新课程理念下,高度重视对学生迁移能力的培养,同时在训练迁移能力阶段,会要求教师尽最大努力去对学生的智力加以开发,让学生自身只有基础的背景下学会迁移应用,并且对知识内容有所创新。具体来讲,就是教会学生如何将知识内化,随后再将知识升华。例如在开展碳和碳的氧化物课题教学阶段,基于新课程理念,教师不会按部就班讲述课本上的内容。在讲到二氧化碳制取阶段,教师会提出如何检查装置气密性的问题,随后让学生分组回忆讨论用双氧水制造氧气的装置气密性检查,根据此课题的分析,探究二氧化碳制气装置的气密性如何检查。在教师提出问题后,学生分组进行讨论,开展方案设计并亲自做了实验,随后向教师汇报实验成果,教师会根据学生的解答,做出嘉奖表扬或是矫正完善,如此可有效提升学生自身对课堂知识的迁移能力和创新能力,让学生在考试或是生活中遇到相关问题能够积极地探究解决,同时有效拓宽学生自身的知识面。

4.重视学生的操作性与直观性

传统课程理念是以教师为中心,教师操作、学生观看的形式无法使知识的传授更加直观。为了解决这一问题,新课程理念下充分利用科学优势,高度重视实验的直观性与探究性,将一部分原本应该由教师演示的实验改为学生亲自操作,鼓励教师在开展探究性教学的尝试中大胆开放演示实验,这种将课堂实验演示的机会让给学生的方式能够充分激发学生的激情,调动学生思想,除了可以高度提升学生的观察力和注意力之外,更重要的是能够深度培养学生对于学科的自信心和创新精神。

(1)验证性转为探究性

在新课程理念下,一部分验证性实验改为探究性实验,在学生开展课程实验之后通过抽象来获取结论,发挥新课程理念在物理、化学等学科中的作用。例如在测定空气中氧气含量实验过程中,教师首先将原本应由自己做的实验变为让学生在课堂上亲手演示,随后将教材上的内容作为实验的原理,让学生展开自学,教师出示一些实验仪器,让学生以小组的形式讨论实验设计方案并亲自动手操作,或是将教材中一小部分验证性的演示实验直接放到实验室,在为学生提供药品和一些仪器的基础上鼓励学生亲自开展实验研究,充分提升学生对于课程的兴趣以及动手操作能力。例如讲解"盐",教师可以将学生分成若干个小组,每一组去探究一种盐的化学性质,将原本的验证性实验变为探究性实验,充分体现出新课程理念下"教为主导、学为主体"的师生关系,同时在让学生亲自动手开展实验设计的过程中,实现了将学生自身具备的生活、社会经验、已有的知识、技能加以结合,有效地让学生认识到学以致用。学生从被动地接受知识转变为主动地构建知识、探究知识,在讨论和学习中有效地提高了学生的素质,并且充分地体现出新课程理念下学生的主体要求。

(2)增加趣味性实验

在新课程理念下,为了有效提升物理化学等学科的操作性与直观性,提出教师尽量为学生添加趣味性实验建议,通过化学实验的神秘性和学生的渴望性,以及利用实验让学生看到一些奇妙的实验现象,大幅度提升实验教学的力度和学生对知识的渴求性。例如在学习"二氧化碳性质"阶段,一些教师基于新课程理念,会对课堂内容加以设计,让三位学生分别使用同样干燥的矿泉水瓶,使之成为充满二氧化碳的气体瓶,随后分别倒入等体积的水、澄清的石灰水、氢氧化钠溶液,在迅速塞紧橡皮塞并向其他同学展示过后,使劲摇晃瓶子并再次展示，让全班同学观看瓶子变化的形态以及橡皮塞打开的难易程度，这种奇妙的现象能充分调动学生的积极性以及对知识探索的兴趣，提升学生对物理化学等学科知识的直观了解程度和动手操作能力。

5.高度重视课堂训练

为解决传统教育思想下理论大于实践的弊端，新课程理念下高度重视学生的课堂训练内容，即高度强调学以致用，在教学阶段教师会将新知识点同近年来中考中出现的试题加以关联，并让学生每学习一个新的知识点后都探究知识同生活、生产等各方面的关联，并收集大量知识的应用题目，组织学生开展课堂训练，让学生真正地可以将学到的知识应用到生活中以及各级别的考试中。近年来中考化学题目中经常出现以生活、生产或是科技成果为背景的答案不唯一的试题，此类试题不仅是对传统命题方式的挑战，更是教师教学方式、学生自身知识应用能力的考验。新课程理念下对日常课堂训练的高度重视，有效地摒弃了死守书本、循规蹈矩的传统课程理念弊端，通过行之有效的课堂训练可有效改善理论大于实践的问题，让学生通过课堂训练掌握知识的应用方式，具备勇于创新、敢于批判、不守旧、不拘泥的自信。

第四节　环境的影响

1.教学设备的优化

新课程融入了大量现代教育技术，在学科课程课堂教学阶段，教师可以充分利用信息技术满足学科课程的教学目标，同时有效培养学生运用现代信息技术开展自主学习的能力。具体分析，首先教师在开展学科课堂教学阶段，通过适时的多媒体、电教化教育手段，可将教学内容直观、多元化地展现给学生,以推动教学内容展示效果达到最优化;其次是在课堂上采用电子设备以及多媒体技术开展教学, 以学科特点与教学任务对现代信息化教育技术加以筛选,不仅可有效促进教学效果,还可大幅度提升对学校教学资源的分配合理性,即节约教学人员资源,通过一次性的设施投入便可实现长期的教育工作的良好经济性。

2.课堂环境更加宽松

首先分析传统课堂环境的特点:在传统课程理念下,课堂环境中的第一特点是师生之间地位不平等,教师作为课堂的管理者和知识的传递者,学生是知识的接受者和课堂的被管理者。第二个特点是学生在课堂上的活动会受到严格的限制,不可随意交谈,不可擅自离开座位,同时不能做任何同教学无关的事情。第三特点是传统课堂环境下教师拥有惩罚学生的权利,学生只拥有解释的权利, 往往学生对于教师的态度更多是敬畏和害怕。综上分析,在传统课堂环境下会培养出一批又一批服从安排、具有较强模仿能力的学生, 在以灌输教学为主的时代下, 教师们往往为了向学生传授更多的知识,在课堂上就必须保证学生活动的统一性和规范性,而这也造就了教师在课堂中绝对强势的地位。

在新课程的新时代下, 社会人才的需求导致学生在创新与合作方面必须有所突破,新课程思想让教师由知识的传递者转变为学生自学的促进者,由原本课堂的管理者转变为课堂引导者。新课程理念下,教师应高度领会师生地位平等的原则,明白只有教师领会到了平等,学生才能真正获得平等,平等是有效促进学生思考表达能力提升以及学生增强自主能力的重要因素。其次是尊重、鼓励学生的批判思维,人类对知识的真实性、方法的精确性、背景、论据等内容的评价,最重要的方式就是批判,而人类的创新亦是建立在对旧事物的不断批判之上。新课程理念促进了教师对于学生的理解,教师了解到学生有想法,而且不同的学生会产生不同的想法,只有让学生充分勇敢地说,才能发挥出学生主体性的功能。

与此同时,新课程理念下,解除了传统课堂环境束缚自由活动的行为高度,鼓励学生相互交流协作,给予了学生更多的自由和空间,这种宽松的学习环境有助于真正地实现对学生的全面性教育和个性化教育，可以有效放开学生的思想,为全面、健康思想发展提供良好的平台。

第三章

新课程理念下的课堂特点

第一节　生活化

1.生活化课堂

所谓生活化课堂,即课堂生活化教学,就是在开展教学过程中充分借助学生的日常生活经验以及学生自身具备的生活知识,以源于生活、寓于生活、为生活服务作为教学指导,让课堂的教学内容同学生的生活二者紧密关联,有效激发学生学习兴趣,学会利用自身所具备的哲学、经济、文化、政治等思维方式去观察分析学习内容同现实社会之间的关联,从而让学生具备通过学习的知识来解决生活中问题的能力,并且深刻体会到课堂就在生活的身边,感受到课堂教学的具体作用和趣味,从而发挥课堂教学的魅力。

生活化课堂教学体系下,教学目标、教学内容、教学过程、教学模式全部都同生活具备密切关联:

(1)基于生活制定教学目标

开展教学的根本目的是让青少年实现全面发展,在学习中领悟生活中的真谛,从而去追求生活中的意义。生活化教学下教学的功能主要在于传授知识、启迪智慧、润泽点化学生的生活,因此生活化教学是源自生活的教学,是以培养学生全面发展作为目的的教学。基于生活制定的教学目标,就是要培养出全面发展的学生,以适应未来的生活。因此在开展生活化教学中,教师会密切关注学生生活的整体性,将学生生活的健康发展作为教学的立足点,充分考虑学生的特长、能力、水平、知识基础、学生的背景、学生的需要和兴趣来开展教学计划设计工作。

(2)教学内容回归于生活世界

生活化课堂教学内容同现实生活有着高度密切的联系,让学生在生活背景下开展各个学科的文化知识学习,是让学生亲自参与各种教学活动,亲身感受课堂教学情境,让学生用心灵去感悟知识生成的过程,同时利用教师学生多方面的交流,深刻体会到教学内容的内涵,促进学生逐步形成正确的知识结构、正确的情感融合与思想交流。

(3)教学过程注重自然生成

生活化课堂下高度强调教学过程的生成性,即在弹性预设的基础上,在教师开展教学工作期间通过不同的教学情境设立,由教师和学生共同来构建教学活动的过程。在生活化教学角度分析,教学的过程并不是一种可以预设的现象,亦不是为了实现预定教学蓝图的途径、手段或是方法。教学本身就具有较强的随机性和现场性,学习的状态条件乃至学习环境都有可能随时发生变化,作为教师应当在整个教学过程中全身心地去领会、预测、倾听,并以富有创造性的教学设计为基础支撑,灵活地对教学中遇到的各种实际情况加以对应,以开放的姿态接纳各种教学过程中始料未及的信息,针对具体的教学情境合理地选择教学手段与教学方法。在对预设的教学环节和步骤进行调整的基础上,依据执行阶段所获取的信息,不断地对教学方案进行修订、调整,确保教学方案在变动的引导中逐步同生活接轨,并走向知识的深入点。

(4)寓于生活的教学模式

作为打破传统教育思想下教学过程中"授→受"教学模式的突破行为,生活化教学、生活化课堂会让教学走向对话、走向生活,这一对话和生活涵盖了教育者与书本的对话,受教育者与书本的对话以及教育者与受教育者二者之间的对话,让教师从传统模式下单纯的知识传授者转变为知识构建者、引导者以及学生自学的促进者,让课堂教学变成教师对学生知识价值的引导和知识意义的自主构建。

2.生活化课堂教学基本特点

从"生活化课堂教学"这一名词即可看出,课堂教学同学生的实际生活有着密不可分的关系,具体来讲就是学生的课堂教学具有生活的背景,将课堂和生活加以关联,将生活实践课堂教学化,充分向学生展示课堂教学源于生活的理念,总体分析生活化课堂具备如下三大特点。

(1)教学内容体现在日常生活中

日常生活在课堂的教学内容中会得到充分的体现,作为教师,站在生活化课堂背景下,会尽可能多地将教学的内容和学生的生活加以关联,创造更多生活化的教学环境,例如引入一些有活力、有趣或是与同学的生活息息相关的典型事例,让课堂教学体现出源于生活、寓于生活、用于生活的特点。

(2)课堂生活是现实生活一部分

课堂生活也是教师和学生二者生活的主要组成部分之一,虽然课堂生活与日常生活有所区别,但是课堂生活占据了学生在人生发展整个过程的极大比例,隶属于特殊的生活活动,所以课堂教学不仅仅在教学内容上要体现出生活的内容,同时还要时刻关注学生在课堂教学中的现实生活,正如赞科夫曾经表示,课堂上的生活,不要忘记学生本身的生活。

(3)课堂生活是可能的生活

课堂生活是可能的生活,作为培养人们全面发展的手段,教育是为学生未来发展做出良好的知识奠定和准备,是让学生能够适应未来生活的手段。所以站在某种角度来说,课堂教学必须为学生更好地适应社会发展而做出知识奠定与准备,让学生能够更好地适应未来所面对的问题和生活中的各种压力。陶行知曾在所创立的“生活教育”中表示,给生活以教育,为生活而教育,为生活向前向上的需要而开展教育工作。

3.新课程理念下的课堂生活化特点

新课程理念下,充分落实了生活化课堂提出的基于生活制定教学目标、教学内容回归于生活世界、教学过程注重自然生成以及于生活的教学模式,高度重视课堂教学内容同生活的关联程度。在新课程背景下,教师应为学生创设丰富、真实的教学场景,以引导的形式让学生在具体的情境中体会、感悟知识的存在与知识的作用。同时,新课程理念下,教师会不断加强学生生活世界与知识世界的联系,作为提升学生能力,有效促进学生适应未来现实生活的主要内容。课堂教学中,教师会基于新课程理念,着眼于学生当下的现实生活,并致力于如何改善学生当前学习状态开展教学,同时在教学过程中,教师会同学生一起感悟生活的意义,一起探究课堂中学习的内容同现实生活之间的关联因素。

同时,新课程理念下,当教师每讲到新知识点,会将理论知识同社会的实际事物加以关联,同时鼓励学生进一步去探索,在实现知识迁移的同时让学生在探索、探究的过程中深刻体会到人类生活中的知识无处不在,并通过对知识的挖掘发掘出生活的乐趣、感受到知识的魅力,从而培养出学生对学习的兴趣,形成正确、健康的情感态度与价值观。

上述可见,新课程理念充分体现出生活化课堂所具备的特点,即教学内容体现在日常生活中, 课堂生活是现实生活一部分,真正实现了生活化课堂、课堂化生活。

第二节　个性化

1.个性化教学

所谓个性化教学,就是在对学生开展教育的过程中高度尊重学生个性的教学工作。开展学生的个性化教学,必须严格依据每一个学生的个性特长兴趣因材施教,在教育背景下,学生需要什么教师就给什么。

经过国内外大量学者的研究与实践经验, 总结出个性化教学需要具备五大要素:第一要素是关注学生,系统性地审视学生的个性化以及学生的文化程度以及语言特点,日常的学习方式和学生的偏好乃至学生的准备程度。第二是关注教师,探索教师的文化偏好,教师的教学方式偏好以及对每一名学生的期望。第三是关注课程,保证所有学生都可以通过教学工作获取可以应用的原理或是方法,加强学生的竞争力。第四是关注评估,确保评估结果具备文化敏感度并提高数据的准确性。第五是关注同伴,让学生有效地获得来自不同背景,具备各种技能和不同观点的同学的帮助,以及让老师获得来自不同技能不同观点的教育,以有助于实现学生的个性化教育。

2.个性化教学特点

个性化教学的特点主要体现在受到个性化教学的个体,即学生的教育成果中,接受个性化教学的学生比未接受个性化教育的学生,人格更加完整、知识更加全面、能力更加突出、身心更加健康、阅历更加丰富,同时具备更强的独立创新能力。

(1)人格更加完整

在教育过程中对学生开展个性化教育,教师对其情绪,认知能力、性格、气质、价值观以及信念等因素的分析,在分析基础上开展因地制宜的教育,实现对学生的扬长避短、取长补短,这一方式可以有效克服学生在学习过程中因各种因素所造成的心理障碍,减少学生的人格缺陷,让学生的人格更加完整,更具个人魅力,同时在学习生活中也更具自信面对各种困难。

(2)知识更加全面

教师对学生开展个性化教育,可有效促进学生的潜能开发,提升学生知识的全面性,而学生在接受个性化教育后,其自身的思维能力、观念知识、行为性格等自身素养可通过有效的沟通、引导、纠正与培养实现全面性的提高,加之教师对知识的传授、能力的传授、思维的训练和情操的陶冶,学生的心灵会得到提升与自我超越,十分利于促进学生的全面发展,防止学科知识教育和分数、升学、文凭、他人眼光等客观因素对学生自身造成严重的束缚和异化。

(3)能力更加突出

教师对学生开展个性化教育,通过心理行为、性格行为、学习行为的分析与诊断,会系统性地开展学生的人格整合与个性优化,根据学生的特征倾向、兴趣爱好以最佳才能领域,充分弥补学生在学习、人格等多方面的不足之处,发挥学生的个人特长,使学生在全面发展的同时让学生的个人特长能力更加突出,确保学生未来在面对社会竞争中获得更大的竞争优势,让学生拥有正确的发展方向。

(4)身心更加健康

个性化教育下,高度重视学生身体素质和心理素质的和谐发展,在对学生开展全方位的知识、能力培养同时,个性化教育往往会开展系统性的德育、智力、体能、美德全面培养,让学生具备更加健康的心理素质和身体素质。

(5)阅历更加丰富

学生在学习过程中所接受的知识和教育,往往对学生的心理性格、信念、能力、知识以及面对人生的心态产生长远的影响,个性化教育可以使学生从接触学习内容开始,逐步经历"知道知识—学到知识—悟到知识—做到知识—得到知识",逐步加深学生对各种知识以及对各种生活内容的理解与感悟,全面提高学生的 EQ 情商、RQ 历商和 AQ 逆商。

(6)具备更强的独立创新能力

独立是个人适应环境的基本能力基础,而创新则是改变环境的有效手段。教育的根本目的就是同构培养、知识传授,帮助学生在学习的过程中逐步获得独立能力、创新能力,对学生开展个性化教育,会让学生具备更强的独立能力和创新能力,以便于在未来面对学习生涯以及工作生涯中具有更大的竞争优势。

3.新课程理念下的教学个性化特点

新课程理念下,充分贯彻人本主义理论,即充分发挥以学生为本的教育思想,高度重视学生教育过程汇总的个性化教育,其教育的个性化主要体现在如下几点:

(1)以学生发展为本

新课程理念下,充分贯彻人本主义理论,一切以学生发展为本,高度重视发展学生的特长与兴趣爱好,实现学生主体性、创造性的最大化发展,致力于让每一个学生的潜能与特长都可以得到充分的发挥、和谐的发展。

（2）课程内容改革

新课程理念要求教育者与教育机构高度尊重和满足学生的差异性与独特性，在保证开展教育阶段基础性统一的前提下，合理开发适应学生个性发展的课程体系与教学内容。

（3）教师能力要求

新课程理念下对教师提出了更高的要求，包括教师需要具备优秀的个人品质和良好的个人形象，从而形成良好的师生关系，利于培养学生的开拓精神和创新思想。其次，新课程理念下，大力推动教师的教育方式、教学手段以及教育理念的创新，通过教学创新不断地提升，让教师在教学过程中有效培养学生的创新能力和思维能力，使个性化教育更加完善，更具生命力。

（4）资源的充分利用

开展教学过程中应丰富课程资源，推动学生全面发展。学校与教师需要充分利用自身现有的条件，最大限度地挖掘利用校内的财力、物力和人力，将蕴藏在教育群体中的专业知识、生活经验、特长爱好以及现代化信息技术转化为开展教育的课程资源。通过合理配置教学设施，充分发挥课程资源的优势，提升教育成效，推动个性化教育的开展。

（5）坚持统一性与多样性结合

新课程理念下提出坚持统一性和多样性结合的原则，需要以培养目标为基础，充分利用现有的课程资源设置多样化的教学内容，并赋予学生自由选择内容的权利，改变传统教育思想下学生被动、教师主动的教育状态，从而满足学生多样化的发展需求。

第三节 人性化

1.教育的人性化

所谓人性化教育,指的是一种教育理念,具体体现在教师在对学生开展教育过程中,能够根据学生生活习惯、学习习惯,制定各种有效的教育手段,在满足学生对知识诉求的基础上,又能够满足学生心理层面的需求。站在自然定律角度,人在生理层面的自然属性,是想要拥有快乐而不是痛苦,人心理层面的自然属性是总想要得到尊重而不是贬义,站在心灵层面的自然属性是人们总希望有长久的目标而不是虚度一生。开展人性化教育,要充分抓住人类自然定律下生理、心理、心灵三大层面的属性,对学生开展充满情感的教育。

人性化的教育、教学可以促进师生关系的建立,活跃的课堂气氛能加强学生对知识的掌握程度,推动学生自主学习。在开展教育阶段,教师应秉持人性化教育思想,将人看作一个宏大的世界,而每个人的内心都包含着这个世界同样包含的江河、山川、日月星辰、阶级政学、真善美、假丑恶,人性化教育就是将人内心深处更加符合人性的,积极向上、乐观、勇敢、智慧的因素加以唤醒。教师需要站在通篇同学生平等的地位予以学生人性化的引导,在充分尊重保护学生的条件下促进学生的学习效果,为学生打造健康正确的成长路程。

然而,需要注意的是,人性化教育并非单纯的情感付出,情感无法取代教育,但是教育必须充满情感,这种情感并非装模作样的平易近人,不是教师对于学生居高临下的情感恩赐,不是为了达到某种教育目的所采用的"情感投资",即能够带有明显而直接的教育功利目的,而是教师与学生站在同样的高度,以朋友般平等而真诚的感情开展人性化教育。

2.人性化教育特点

站在我国教育体制角度下,实现人性化教育的特点主要体现在学生主体得以充分展现、教育过程中坚持人本主义理论以及较强的服务意识,带有"一切为教学服务"的思想。

(1)学生主体得以充分展现

人性化教育能充分展示出学生的主体,在教学中首先需要保证课堂气氛足够民主、和谐、自由和宽松,通过良好、宽松的课堂气氛让学生以轻松的心情获取知识,教师于宽松和谐民主的课堂气氛下,在充分了解学生学习情况、填补学生的知识缺陷、挖掘学生知识的闪光点的同时,急学生所急,想学生所想,多鼓励且不轻易否定,让学生感觉到老师是真正的良师益友。

其次,在人性化教育下,学生拥有话语权,可以对所学的内容产生怀疑,而教师也鼓励学生大胆猜想,提出自己的想法,让学生学会如何思考、如何发现。与此同时,在人性化教育下,教师高度尊重学生的兴趣,根据每一个学生的兴趣开展个性化教育,利用兴趣来激发学生的学习热情和课堂氛围,让学生感觉到学习可以满足自己的欲望。学习是一件有趣的事情,在正确摆正教师与学生位置的基础上,使教学成果更加丰硕。

(2)坚持人本主义理论

教学作为学校工作中最重要的一部分,教学的质量和教学的水平是决定学生生存与发展的重要基础,同时也是保障学校持续性发展的基础因素。很多优秀学校、优秀教师之所以能够在竞争激烈的群体中脱颖而出,正是一直遵循着人本主义理论的原则,即凡事都做到以人为本、以学生为本,高度重视学生的创造性培养与思维培养,人本主义理论同学校的教学水平、教学质量密不可分。人性化教育角度下,不论是教师或是学校都需要高度注重学生的主动性、能动性、创新意识和创造性思维培养,充分激发学生的潜能和创造力。人本主义理论下,要高度培养学生新思考、新发现、不拘一格的学习态度,敢于挑战权威,同时人性化教育下教师需要高度明确,教学的最高价值并不是尊重权威,而是自由开放和严谨的探索。

(3)较强的服务意识

人性化教育背景下,教师、学校都秉持着一切为教学服务的原则,为了能够保证教育事业的顺利进行,学校、教师都会不断地提升服务意识,在现有条件、力所能及的基础上不断提升教学环境,致力于为学生提供便捷、优质的学习环境,同时不论在课时或是非上课时间段,学生提出学习或是生活方面的问题,教师都应积极地予以解决或指导其解决,让学生时刻都沉浸在轻松、完善的教学氛围中。

3.新课程理念下的人性化特点

新课程理念提出,开展学生教育工作阶段必须充分体现人本主义理论,在教学过程中,教师应鼓励学生充分表达自己的思想以及对权威的怀疑,学生主体应有的话语权,同时基于宽松的课堂氛围,可以通过与其他同学的讨论交流来正视自己能力的不足,同其他学生相互促进、相互激励。新课程理念下,教师从原本的知识传授者变为知识引导者,教师、学生双方站在了同一高度开展知识探索,改变了传统教育思想下教师居高临下的方式,使得教师可以同学生构建良好的师生关系,并且基于新课程理念的推动,教师会提高对每一名学生的关注度。此外除高度关注学生课堂学习成果之外,同时会关注学生的生活情况,确保为学生带来学习、生活两个层面的关怀。总体分析,新课程理念充分发挥了人性化教育的特点,具有十分明显的人性化特征,并为建立良好师生关系、促进学生知识掌握程度、构建轻松和谐民主的教学环境奠定了良好的基础。

第四节　兴趣化

1.兴趣化概念

站在教育心理学角度分析，学习兴趣就是一个人倾向于认识和研究从而获得某种认知的心理特征。兴趣是推动人们产生求知欲的内在力量，一个学生对于某一学科有兴趣，那么就会持续、专心致志地开展学习，学习效果自然提高。

学习兴趣可以划分直接兴趣、间接兴趣、情境兴趣、个体兴趣，其中直接学习兴趣是因为教材或是教学中的学习活动，即学习过程本身直接引起的兴趣，而间接学习兴趣则是通过学习活动结果而引起的兴趣。间接学习兴趣下，学生通常都具备十分明显的自觉性，当一个学生意识到学习的社会意义与自身的关系以及学习能够产生的价值时，学习兴趣自然产生。例如学生为了集体利益认识到学习的目的或是任务，那么这名学生就会支配自己去坚持学习，也可能学生是为了获得到父母、老师的赞扬，同学、朋友的尊重，或是在考试中获得较好的成绩、在某些竞赛中获得胜利等，这些因素都可以直接引发学生的兴趣。通常情况下，直接学习兴趣和间接学习兴趣会融合在一起，学生对学习的兴趣中既包含了直接学习兴趣，又包含了间接学习兴趣。而若是以直接学习兴趣为主，在没有特殊情况的影响下，多数学生都能够长期坚持自身的学习行为，并且随着学习深度的提升，兴趣也会越来越浓厚。

学习兴趣还包含个体学习兴趣和情境学习兴趣，通常个体学习兴趣是在时间迁移的基础上，一种相对稳定而持久的、针对某一领域的个人倾向或个人偏好。个体学习兴趣联系着学生的知识价值观与情感，而情境学习兴趣则需要基于一定的环境刺激或是条件刺激，才能够实现个体兴趣的衍生。

2.新课程理念下的兴趣化特点

在学生学习的过程中,兴趣起着决定性的作用,它可以有效转化为学生学习的内在动力,成为推动、调节、引导学生坚持学习的一种动力。动力强的情况下,学生会抱有积极的学习态度,学习效果事半功倍,反之若对学习缺乏兴趣,缺少内在动力,则学生就有可能陷入恶性循环,产生消极的学习态度。新课程理念充分渗透了"知之者不如好之者,好之者不如乐之者"的道理,高度强调教师在教学过程中需要注意满足学生学习的成功欲,高度强调将课程与学生生活加以关联,实现课堂生活化。个性化教育与人性化课堂高度尊重学生兴趣与学生的个性化培养,故新课程理念能有效促进学生学习兴趣,并推动学生学以致用,时刻充满求知欲望的全新理念,在充分发挥学生主体作用的模式下,可使学生永远带着问题走入课堂,带着更多答案离开课堂,让学生感受到课程就在生活中,课程源于生活。

第四章

新课程理念下化学课程的基本理论

第一节 认知学习理论

1.认知学习理论概念

所谓认知学理论，就是利用人类的认知过程开展深度研究，进而有效探索学习规律的一种学习理论，状态认知学理论角度下提出的复杂行为，是建立在条件联系之上的一种复合型反映。在认知学理论下，其主要观点如下：第一是人是学习的主体；第二是所谓人类获取信息的过程，就是人类感知、记忆、注意、理解以及对问题解决的一种信息交换过程；第三是人类对于外界信息所有的感知、注意力、理解都具有选择性，四是学习质量的主要决定因素就是学习效果。

格塔式心理学是认知学理论最早的起源。认知学理论真正的形成要追溯到 20 世纪 60 年代，认知学理论属于现代社会发展过程下的必然产物。第二次世界大战之前，所有心理学的研究都被局限在狭小的实验室当中，学习领域始终被行为主义研究范式所垄断，因此当时针对学习领域的研究也是较为浅层、仅仅涉及人类或是动物外部行为的研究，很少有研究学者去关注人的心理的活动历程。但在第二次世界大战期间涌现了大批量实际问题，对于以往的研究理论提出了巨大的挑战，"二战"之后，信息时代来临，专家们加强了人们对于接受、贮存、提取等行为过程的研究深度，而这些社会的实际需求在很大程度上刺激了认知学理论的快速发展。

站在科学角度分析，认知学理论也属于心理学和邻近学科所交叉的产物之一，影响到认知学理论的理论学科包括计算机科学、信息论、控制论、语言学发展等。大量认知学理论下的重要观点都与诸多学科存在着密切关联，例如加涅的累积学习理论模式，其主要原理是借鉴控制论和计算机科学的思想,再例如 1957 年的语言学家乔姆斯基针对新行为主义的《语言学习》做出了尖锐的批判,同时高度强调针对认知过程的深度研究,并深度研究人类语言的先天性和生成性,乔姆斯基的观点在很大程度上影响了研究者开始从传统的行为主义逐渐转变成认知主义。

2.认知学理论代表学说

在认知学理论的发展历程中出现了大量代表学说,一种是早先的格式塔学派学说,另一学说为现代认知学理论。

(1)格式塔学派

格式塔学派下的顿悟说,其学派代表人物考夫卡、韦墨特、苛勒等人均表示,在认知学理论下,学习的实质就是构造与组织的一种完型,而并非形成刺激和反应的联结。苛勒利用大猩猩开展实验,以大猩猩解决问题的实验作为论证基础,通过猩猩解决难题的过程提出猩猩在没有解决问题之前,所面对情境的直觉为模糊、混乱状态,但是当猩猩发现了解决问题的关键点,即利用几根棍子拼接起来就可以拿到高处的香蕉,此刻猩猩就产生了顿悟,会将问题解决。因此苛勒认为学习是通过顿悟,我们学习的过程就是对于知觉的重新组织行为,这种直觉经验的变化,并非一种不断间歇的形式,或者是对于问题的不断解决,而是以突然顿悟的形式获取。这就是世界上著名的"接竿问题"实验。

基于格塔式心理学下的学习律、直觉律以及学习背景下,人之学理论下的学习就是知觉的重组,所以知觉和学习二者几乎是同义词,格式塔学说下认为基本的知觉律即蕴涵律,也可以成为包含律。在蕴涵律下,人们都有一种倾向,进而以最大化的形式将被感知到的东西以一种最好的形式去呈现,即呈现出事物的外形。如果一个人的知觉常被外来的一系列因素打扰,那么这个人就会立刻形成全新的知觉场,让被感觉的事物始终可以保持一个较为完好的形式。这种所谓完好的形式,并非这事物的最佳形式,而是具有一定的完整性,在这个过程中,也就是直觉重组的过程中,会伴随着五条直觉律,那就是相似律、闭合律、成员特性律、连续律、接近律。

对认知学理论角度,格塔式心理学提出了六个基本观点:

①学习的过程就是对知觉或是认知的重组

站在格塔式心理学角度下所提出认知学、学习的解释,更加倾向于贴近知觉方面的术语。格塔式心理学显示,所谓学习,就是意味着需要觉察待定情景当中所涵盖的关键要素,与此同时,人类需要了解这些要素之间如何实现各种联系,并有效识别这些要素联系的内在结构。所以说学习、知觉、认知三者几乎是同义词,在学习的过程中,会在人类的脑海中留下痕迹,再利用经验将这些痕迹停留在人类的神经系统当中,格塔式心理学提出这些记忆的痕迹并不是一些要素,而是一个具有组织的整体,也就是上面所说的事物的完整。

②顿悟学习利于迁移也可避免过多的失误

格式塔心理学下,认为顿悟可以有效地避免多余的错误,可通过对问题情境、内在性质的顿悟来解决问题,这一方式可以避免同该问题情境不相干的盲目行动、随机性行动,同时利用顿悟来解决问题,十分有利于将学习所得到的内容迁移到全新的问题情境当中。韦特墨对两种类型问题的区分提出了办法,即第一类是只有首创性、顿悟式的解决办法;另一类是对老规则不适当地使用,而这种方法无法真正解决问题。总体分析,顿悟学习下的核心思想即把握事物本质,而并非把握事物不相关的细节。

③真正的学习不会遗忘

格塔式心理学提出,利用顿悟的形式所获取的理解和知识,不仅能够有效利于迁移,同时不会被人轻易遗忘,顿悟形式得出的知识会成为人类知识技能中永远存在的部分。如果站在现代认知信息加工理论的角度,人类所顿悟的内容可以进入到长时间的记忆当中,并且会永久地留在人类大脑中。

④学习本身具备奖励的性质

格塔式心理学提出,人类在学习的过程中会伴随着一种兴奋感,在学习者了解到有意义的关系,或是通过学习理解到一个相对完整的内在结构,逐渐清了事物的真相,此刻学习者通常都会产生一种愉快的体验,这种体验隶属于人类最积极的体验,同时也不存在其他的诱因动机,即使在无法使用顿悟的形式开展学习的环境下，同样也可以基于一些外部的奖励来对学习者进行有效的激励。站在一般角度下讨论，只要学习者达到了理解水平，那么学习者理解水平的自身就一定带有自我奖励的作用。

⑤顿悟说以及对尝试错误说的批判

在格塔式学习理论下指出，学习就是一种顿悟的过程，就是一种知会行为，在这个行为下需要参与的活动包括思维、领会、理解等。顿悟隶属于一种速变、飞跃的快速过程，顿悟学习包含如下特点：第一特点是在解决问题之前有一个沉浸的困惑过程，在这一过程下学习者表现出的行为是犹豫不决，会有长时间的停顿，而从问题解决之前到问题得到成功解决这个过程，并非渐变的过渡过程，而是一种突发性的质变过程，利用顿悟去有效解决问题是一种不间断连续的解决过程，很少会出现各种错误行为，与此同时解决方法可以很长时间地保留在人类的脑海当中，所以利用顿悟去掌握学习原则，十分利于学生去适应全新的环境去面对全新的问题，并将问题有效解决。

⑥创造性思维

在韦特默针对思维问题开展深度、系统化研究过后，将顿悟学习原理应用到了人类创造性思维探讨中，同时提出把握问题整体开展顿悟思维的建议。韦特默指出，若想创造性地解决问题就必须事先整体支配部分，即使在关注微小细节时也不可忽略问题的整体因素，同时需要将细节放在整体中，将整体、细节加以关联，统筹考虑，形成从上到下、从整体到部分的问题解决思维。

(2)现代认知学理论

现代认知学范围下包含认知发现说、积累学习说、和认知同化说。

认知发现说是布鲁纳提出的科学理论，布鲁纳是现代认知学理论下的代表人物，在该学说中，布鲁纳指出所谓学习的过程就是人类一种积极认知的过程。学习这一行为的实质在于主动形成人的认知结构，人在学习任何学科期间都有很多一连串的新知识，而每个知识的学习，其必经的历程都是获取、转化、评价。布鲁纳指出，作为教师，不论自身从事什么学科的教学，都务必要让学生将学科的基本结构深度理解，与此同时，教师必须高度重视学生的学习主动性以及学生自身已经拥有的经验，更要高度强调学生学习的内在动机和学生思维的正确发展。在教学工作中，布鲁纳指出发现行为并非仅仅局限于人类去追求自身并不知晓的事物，准确来讲，发现行为还涵盖了人们运用自己的思维头脑和智慧去获取一些知识的一切形式与方法。认知发现包含了如下特点：①认知发现可以充分地激发学生的潜力；②认知发现可以将学生学习的内在动机有效加强；③认知发现可以让学生真正地学会学习；④认知发现有利于学生对于每个学科知识的提取和记忆。

奥苏贝尔提出了认知同化说，并在认知同化说下提出了具有特色的有意义学习理论，我们也可将其称为认知同化说。奥苏贝尔表示，人们在学习新事物期间，需要将自身已经具备的知识和经验作为基础结构，也就是学习者以积极主动的态度，在自己已有的认知结构中去获取全新的知识，并将旧的知识和新的知识加以关联，对新的知识加以固定和归属，这是一种动态的学习过程。这一学习过程的结果，会导致学习者自身原有的认知结构不断地分化、整合、再分化、再整合，最后可以在获取新的知识中稳定清晰地获取全新的经验，同时学习者自身原有具备的知识，在这个同化的过程下也会发生意义层面的转变。根据即将学习的新内容和自身原有知识与内容之间的关联，将学习划分为下、上位，并列结合三种形式。

下位学习：

所谓下位学习，就是在学生学习新内容的阶段，如果学生所接触的新内容，不论是包括水平还是概括水平，低于学习者自身原有结构中已经具备的内容，那么就可以将这种学习称之为下位学习，或是将其称为类属学习。例如小学生在学习长方形、三角形、正方形之前，自身已经具备了轴对称图形的概念，那么学生在学习圆形期间，也就是对轴对称图形内容的学习，这就是一种下位学习。

上位学习：

所谓上位学习，就是学生在即将接触全新的内容之前，这些新内容在包括水平、概括水平上普遍高于学习者自身原有知识结构当中已经具有的经验和内容，那么此时此刻学生所开展的学习就是上位学习，也可以将其称为总括学习。例如学生在原有知识结构中已经具备了长方形、正方形和三角形的概念，在后续学习轴对称图形的概念时，此刻学生就是在开展上位学习。

并列结合学习：

在学习中接触新内容过程中，如果接触到的新内容是学习者原有认知结构中已经拥有的内容，只是通过合理的调整、变动、重组而形成。也就是说，仅仅可以和原有认知结构中相关内容的一般背景相互联系，但是事实上无法实现新知识和原有认知结构中的内容形成上下位的关系，此时此刻学生开展的学习就是并列结合学习。学习者在学习社会科学、数学、自然科学或是人文科学等诸多科目时，大部分概念都隶属于并列结合学习。在开展并列结合学习的背景下，学生只能够运用自身原有的知识结构中的一般非特性相关内容起到固定作用，因此针对新学习内容的开展，不论是在记忆层面还是学习层面都相对困难。

加涅在现代认知学理论角度下提出累积学习说，加涅指出，学习的过程就是一种对信息的接受过程以及对信息的使用过程，学习同样也是一种主体和环境相互作用的结果。站在教师的角度下，教师在开展教学工作期间一定要注意给学生充分的指导，使学生可以正确地按照规定好的程序去开展学习，能够以循序渐进的形式获取知识。总体分析知识学习可以被划分为八个阶段：动机阶段—了解阶段—获得阶段—保持阶段—回忆阶段—概括阶段—作业阶段—反馈阶段，与其对应的是预期—选择性知觉—编码存储通道—记忆储备—检索—迁移—反应—强化，各种计划的执行过程就是教学过程，而学习过程即可分为上述提到的八个阶段。

3.化学课程与认知学理论

上述内容对认知学理论的概念以及不同时期的学说作出分析，站在当前我国教育体制以及新课程理念背景下的化学教学角度，趋于社会的需要与现代科学对人才的要求，价值化学教学内容越发复杂，在化学教学中贯彻现代认知理论无疑比格式塔认知学派更加合适。在开展化学教学阶段，让学生了解学科基本结构是有效推动学生对化学知识了解深度、提升对化学学科兴趣的手段,同时奥苏贝尔所提出的有意义学习,正是与当下新课程理念的课堂教学不谋而合,都是如何通过有效的课程设置,切实提升学生的学习效果。奥苏贝尔提出的有意义学习,同新课程理念下的课堂教学,都是要让学生更好地在学习化学科目期间实现上位学习,有效解决并列结合学习下学生对于新内容在学习和记忆上困难的问题。

此外,加涅累积学习说及学生在学习过程中的八个阶段,同样也是新课程理念下学生学习过程的具体化分析,故现代认知学理论其同新课程理念二者不谋而合。因此开展化学教学,应充分贯彻现代认知学理论,并结合加涅累积学习说,将化学课程教学划分为动机阶段—了解阶段—获得阶段—保持阶段—回忆阶段—概括阶段—作业阶段—反馈阶段,在每个阶段对症下药,对学生开展不同阶段针对性的指导。在动机阶段为学生创造一定的学习情境,成为学生对化学产生兴趣的诱因,激发学生个体学习活动的动力,在该阶段主要目标是引导学生实现学习目标的心理预期。在了解阶段,要确保教学的措施充分引起学生的注意,为学生的思想提供刺激、引导,让刺激情境的特点可以有效被学生感知到。在获得阶段,该阶段主要是对学生的知识结构起到编码作用,以及对化学课程信息进行加工,将短时的记忆变成学生脑海中的长时记忆。进入保持阶段后,要以一定的形式,将表象或是概念,以及学生所获取的化学信息长时间地在学生记忆中永远保存。进入回忆阶段后,教师通过合理的教学方式,例如布置作业、课后练习,在学生的脑海中检索已经存储的知识,让知识重新复活。概括阶段是让学生将已经获取的化学技能、化学知识应用到全新的情境当中,在作业阶段验证学生的学习效果。最后进入反馈阶段,帮助学生验证自身是否已经达到学习目标,从而进一步强化学生的学习动机,正如同加涅所说——动机的强化,主宰着人类的学习,因为学习动机阶段所建立的预期,在此刻的反馈阶段得到了证实。

第二节　建构主义理论

1.构建主义理论概念

构建主义理论,也被人们称为结构主义理论,作为认知心理学派中的分支理论之一,在构建主义理论之下,存在一个最重要的概念——图示。所谓图示,就是对个体世界中的直觉进行思考理解的有效形式,我们可以将图示看作为心理活动的一种组织结构或是框架,作为认知结构的起点,图示同样也可以成为认知结构的核心内容。人类对于事物认知的基础就是图示,所以图示的形成、变化,也就是学生在学习过程中认知、发展的实质内容。学生的认知发展会受到三个过程的影响,即顺应影响、同化影响、平衡影响,其中同化代表着学生个体对自己知识结构的过滤以及改变的过程。当学生在感受到环境因素刺激时,会将相关内容加入头脑原有的图示之中,让这些刺激自己的内容成为自身记忆结构中的组成部分,顺应则是在外部环境发生变化的情况下,学生原有的认知结构无法有效地同化在新环境中获取的信息。在这一情况下,学生的认知结构发生重组、改造,让学生的认知结构感应到环境刺激的影响,从而让认知结构发生转变。所谓平衡,就是学生在学习过程中,运用自身所具备的自我调节能力,让认知发展从一个平衡状态向另外一个平衡状态进行过渡。

构建主义理论主要代表人物包括维果斯基、皮亚杰、科恩伯格等,其中皮亚杰针对构建主义理论的观点,是个体在与周围环境相互作用的过程中,以循序渐进的形式构建起关于外部世界的知识,让自身的知识结构获得良好的发展。学生同环境相互作用之下会涉及两大基本过程,也就是上面提到的同化和顺应过程,同化是学生在受到外界刺激时,将外界刺激所提供的信息在自身原有的知识结构中加以整合，而顺应则是学生在受到外部刺激时，让自身的知识结构加以转变，因此同化可以被认定为认知结构数量上的扩充，而顺应则是为了适应环境而让认知结构的性质发生改变。认知个体，也就是学生通过同化和顺应这两大过程，能够实现自身知识结构与周围环境的平衡。在学生运用图示去同化新信息的过程中，此刻学生会处于一种相对平衡的状态，而当学生发现自身原有的图示无法实现同化，那么这种平衡就会被打破，就会创造新的图示，或是对原有图示加以修改，利用顺应的过程去寻找全新的平衡。所以，皮亚杰认为所谓同化和顺应的过程建立在平衡、不平衡、新平衡循环当中。这些操作都是为了能够让学生的知识结构得到丰富、发展和提高。

科恩伯格针对认知结构的性质和发展的条件做出深度的分析，与此同时，斯滕伯格针对构建主义理论高度强调个体的主动性，在构建个体认知结构过程中主动性能够起到重要作用，同时对认知结构当中如何充分发挥个体主动性做出深度分析。维果斯基表示，个体的学习在一定的社会文化背景和历史背景下开展，社会可以为个体的学习发展起到有效的支撑作用和促进作用，与此同时，维果斯基将个体利用学习而得到发展水平划分为两种水平，第一种是潜在的发展水平，第二种是现实的发展水平，现实发展水平代表个体在独立活动阶段可以达到的水平，而潜在发展水平则是指在其他个体帮助的情况下个体能够达到的水平。两种水平之间的区域，称为个体的最近发展区。在这一基础上，维果斯基自身所在的流续派，很多学者都针对活动和社交开展深入研究。分析人类的高级心理机能在互动社交之中可以起到的作用和价值，这些研究都大幅度丰富、完善了构建主义理论，为构建主义理论在实际教学中的实践应用带来了良好的条件。

虽然当前构建主义理论的内容已经十分丰富，但是这一理论的核心用一句话就可以概括，那就是在教学过程中以学生为中心，高度强调让学生去主动探索、主动发现知识，同时对自身所学的各科知识进行主动构建。并非在传统教学角度下，让知识从教师的头脑中单一搬运到学生的课本和头脑中，而是将学生作为中心，强调的就是一个"学"字，同传统与教师为中心下的"教"字有天差之别。两种不同的教育思想下根本的分歧点在于教学观念，构建主义角度要求学习环境已经得到当下最有力的技术成果支持和信息支持，这就注定了构建主义理论在大量教师、学者在实践教学当中有效应用和结合，这也是让构建主义理论成为全世界大量学者、学校深化改革思想研究的主要推动力。

2.构建主义理论下的学习理论

构建主义实际最早源于儿童认知发展的深度研究，学习个体自身的认知发展同学习过程有着密不可分的联系。因此使用构建主义，可以在教学过程中清晰、明确地对人类学习过程的完整认知规律加以说明，并有效阐述学习行为究竟是如何发生的，学习的意义如何构建，学习的概念如何形成，理想的学习环境都包含哪些必要的因素等。在构建主义的思想指导之下，针对儿童的学习可以形成一整套有效的认知学习理论，同时在认知学习理论基础上，能够实现十分理想的构建主义学习环境。

关于构建主义下的学习，构建主义认为知识并非完全通过教师传授而得到的，而是学习者借助学习阶段必要的学习资料，在一定的情境下，即社会、文化背景基础上，通过意义构建的方式而获取的内容。因为学习是在一定的情境、社会、文化背景下开展的，借其他人的帮助或是通过人与人之间的协作活动而实现的意义构建过程，所以构建主义学习理论下情境、协作、会话、意义构建就是学习主体在学习环境中必备的四大属性。首先是情境学习环境中的情境，学习环境下的情境，要求需要利于学生对所学的内容开展意义构建，这就对教学者所开展的教学设计提出了全新的挑战与要求，在构建主义学习环境之下，教学的设计需要统筹性考虑学习目标分析、有利于学生的情境问题创设，将情境创设作为教学设计的重要组成部分。第二是协作，协作行为贯穿着学生主体学习的整个生涯，协助的效果直接影响着假设的提出与有效验证、学习资料的收集与分析工作、学习成果的评价。第三是会话，会话隶属于协作过程中的重要环节，开展教学工作期间，教师将学生划分成学习小组，学习小组成员之间只有通过会话商讨，才能实现学习任务计划制定与完成。与此同时,协作的学习过程本身也是一个会话的过程,在会话的过程中,每一个学生主体的智慧成果都要让整个学习群体所共享,所以会话所达到的意义,是成功实现知识构建的重要手段。第四是意义构建,意义构建是学生主体开展学习的最终目标,学生在学习中所要构建的意义包括事物的性质构建、规律构建、事物与事物之间内在联系的构建。作为教师,在教学过程中需要帮助学生去构建意义,帮助学生对于当前接触的内容所反映的事物性质、规律加以构建,同时需要通过意义构建,让学生深度了解事物之间的内在联系。

经过上述对学习在构建主义理论下含义分析,可以得出学生学习的质量,就是学习者构建意义能力的函数,而并非学习者重视教师思维过程能力的函数,具体而讲,学习主体在接受教育阶段获取知识的数量,直接取决于学习者依据自身经验去构建相关知识意义的能力,而并非取决于学习者对学习内容的背诵能力和记忆能力。

3.新课程理念下的构建理论

构建主义理论下,指出要以学生为中心,强调让学生主动开展知识探索,主动发现,同时主动进行知识构建,教师需要引导学生,从而让学生实现构建主义理论下的将外部的刺激同化为自身知识结构,或是将自身知识结构加以转变以适应外部新环境下的新信息。新课程理念下,高度强调体现学生主体,为学生构建生活化课堂,基于生活制定教学目标,让教学内容回归于生活,对学生开展个性化教学,让学生人格更加完整、知识更加全面、能力更加突出、身心更加健康、阅历更加丰富,同时具备更强的独立创新能力,发挥以学生发展为本的特点。同时新课程理念下,要求对学生开展人性化教育,高度尊重学生的个人兴趣与实际需求,让学生的主体性充分展现,坚持贯彻人本主义,并充分发挥新课程理念下的兴趣化特点。通过新课程理念的分析,可以发现新课程理念,同样与构建主义理论不谋而合,都要求以学生作为教育之本,故在开展新课标理念下的化学课程教学阶段,应充分贯彻构建主义理论。在化学课堂上贯彻构建主义理论提出的相关学习方法,即以学习者作为中心开展教学,强调学习者认知主体作用基础上同样不得忽视教师所起到的指导作用,身为教师需要站在促进者、帮助者的角度,引导信息加工主体,使学生成为意义的主动构造者,在化学课堂上发挥如下主体作用:

(1)构建知识意义

使用探索或是发现的方式去帮助、带领学生学会构建化学课本中知识学习的意义与作用,使学生对化学知识产生兴趣。

(2)引导学生关联

引导学生,将学生当前接触到的新内容所反映出的事物,尽量与学生日常生活世界中的事物相关联,同时引导学生对事物与事物之间的关联加以思考,明确思考、联系是意义构建的关键步骤,在联系和思考的过程,同学生之间开展协作学习的过程加以结合,那么学生在学习化学知识之后,构建意义的能力就会更强,学习效率就更高。在整个化学教学过程中,教师要作为学生构建意义的引导者、帮助者,从如下几点开展学生构建意义指导工作:①激发学生对于化学学科的兴趣,促进学生学习化学的内在动机。②建立符合化学教学课程内容的情境,并对新旧知识之间的关联进行提示,帮助学生构建所学化学新知识的意义构建。③为了让意义构建更加有效,教师在开展教学过程中应当在现有条件下组织学生开展协作学习,即个体或是分组讨论的形式开展问题交流、商讨,在学生协作、讨论的过程中将化学问题逐渐引导至更加深入的水平,让学生对所学内容逐渐理解得更加深入,同时启发学生自行去发现规律、寻找规律,自行对遇到的问题和自身的错误去纠正、弥补。

(3)让学生自行假设

在引导学生开展意义构建的过程中,提出让学生自行搜集、分析化学课程相关的资料和信息,对当前所学的问题提出各种假设,同时努力自行对假设进行验证。

(4)构建主义教学原则

遵循构建主义教学下的教学原则,①教学阶段,需要将所有学习任务都置于为了能够更加良好、有效地适应世界的学习当中;②教学目标,应当同学生学习环境中的目标相互呼应，同时作为教师，必须让学生感受到这就是学生自己的问题；③在教学过程中设计真实的任务和真实的活动，让学生的理论只是与多种技能相互整合；④化学教学的设计，必须可以反映出学生在完成学习任务之后，可以应对与课程内容相符合的各种复杂环境；⑤在化学课堂上需要给予学生解决问题的自主权，作为教师应当有效刺激学生的思维，激发学生自行寻求答案、自行解决问题的想法；⑥为化学课堂设计一个可以有效激发学生思维的学习环境；⑦在教学过程中，尽可能鼓励学生将所学的内容到社会背景中加以应用，从而检测自己观点的正确性；⑧鼓励、支持学生对自身所学化学内容以及学习过程的反思，合理发展学生的自我控制能力，让学生成为一个独立的学习主体。

(5)树立正确的师生角色

在新课程理念下开展化学教学，贯彻构建主义理论需要确立正确的师生角色定位。首先，教师的角色是帮助学生构建知识的支持者，而教师在知识的构建中产生的作用，就是从传统的传递知识权威完全转变为学生学习的辅助者和辅导者，成为学生的高级合作者和学习伙伴。在化学课程教学过程中，教师应当给予学生复杂且真实的问题，同时必须引导学生去开发、去发现这些真实的问题，在认识到复杂程度的基础上，需要让学生给出多种答案，有效激励学生对问题解决的多种观点的发表。同时，教师需要为学生创造良好的构建主义学习环境，让学生在这种学习环境下，利用独立探究、合作学习等诸多方式来开展化学学习，教师务必保证学习活动以及学习的内容始终处于平衡的状态，且教师需要合理地为学生提供一些心理测量工具和认知工具，对学生评判性的认知策略加以培养。让学生逐步实现属于自身的知识构建模式，教师在整个教学过程中需要高度明确教学目标、认知目标、情感目标，在教学中逐步减少外部控制，增加学生的自我控制能力。

其次，教师在新课程理念下，需要从传统教学权威转变为学生构建知识的帮助者和引导者，推动学生提升学习内在动力，激发学生的学习兴趣，创设符合化学课程内容的情境，并适时提示学生新化学知识和旧化学知识之间关联的线索，让学生针对当前所学知识进行意义构建。为了让学生的意义构建更加有效,作为教师应当通过合理的教学方法组织协作学习,以分组的形式开展交流与讨论,并对协作学习的过程加以指导和引导。

在师生角色定位下，学生的角色不应当是传统课程理念下的单纯受教育者,而是教学活动的知识构建者和参与者。构建主义理论下会让学生面对知识复杂、真实世界的情境,并在真实且复杂的情境中完成学习任务,因此学生需要采取一种全新的学习方式、全新的信息加工策略,从而形成属于自己的知识与理解构建心理模式。构建主义理论下,新课程理念相比传统课程理念,要求学生更多地去承担管理自己的任务和学习的任务,教师应当抓住维果斯基提出的学生"最近发展区",让机会永远处于"最近发展区"并为学生提供一定的辅导。站在学生的角度需要用探索和发现的方法去构建知识的意义，在构建意义期间，学生需要主动去分析收集化学知识相关资料信息,并对所学的问题提出各种假设并验证,要善于将当前接触的化学内容,尽量同自己自身知识结构下已经具备的内容加以关联，并对这种关联深度思考。

第三节　人本主义理论

1.人本主义理论概念

作为美国当代心理学主要流派之一的人本主义理论，最早创立于美国心理学家马斯洛,在现代美国心理学流派中,人本主义理论主要代表人物为罗杰斯。人本主义理论是反对将人的心理低俗化、动物化的倾向,被称为心理学中的第三思潮。

人本主义理论最早起源于20世纪，在20世纪70年代到80年代人本主义理论进入迅速发展时期，人本主义理论下强力反对行为主义将人等同于动物开展研究,既反对行为主义下单纯对人的行为开展研究,而不去理解人内在的本性的研究行为,同时人本主义理论也对弗洛伊德仅研究神经症、精神病人,不去考察正常人心理的研究行为进行批判,因此人本主义理论又被称为心理学下的第三种运动。人本主义理论下,高度强调人类的价值、人类的尊严、人类的创造力以及人类的自我实现,人本主义将人类本性的自我实现,归结为人类本身潜能的发挥,而人类的潜能则是一种类似于本能的性质,人本主义对这个世界最大的贡献就是看到了人的心理、人的本质二者存在的一致性,人本主义理论主张心理学研究工作,必须从人的本性出发开展人的心理研究,人本主义主要代表人物罗杰斯和马斯洛对人本主义下的心理学开展深度研究,马斯洛在研究中对人类的基本需求进行了分类,将人和动物的本能进行了有效的区别,表示人所提出的需要是分层次发展的形式,与此同时马斯洛将人的需要,基于追求目标和满足对象的差异化。从低到高安排了一个层次系统,其中最低层次的是人的生理需要,生理需要是人所感到优先满足的基本需要。罗杰斯对于人本主义理论的基本观点,是在开展心理治疗实践和心理学研究中所得出的人格自我理论,在人格自我理论下,高度倡导患者中心疗法的心理治疗方式,提出人类有一种天生的自我实现动机,这一动机是人类自我发展扩充和成熟的驱动力,同时亦是一个人最大限度发挥自身潜能的趋向。

马斯洛指出人类行为的心理驱动力并非性本能,而是人的需要,同时人的需要也可以划分为多个层次,从下到上,从低到高分别是人的生理需要、安全需要、归属感与爱的需要、尊重的需要、认识需要、审美需要、自我实现需要,人若想满足高一层次的需要,那么至少先满足一部分低一层次的需要,人的需要可以划分为两类:第一是缺失需要,缺失需要可以产生匮乏性动机,这种需要是人和动物共有的,一旦得到了满足,就会消除人或动物的紧张,而兴奋度降低便失去了动机。第二类需要为生长需要,就是可以产生生长性的动机,生长需要是一种特属于人类的特有需要,这种需要超越了生存满足之后,是人类发自内心的渴求发展和实现自身潜能的需要,只有满足了生长需要,每个个体才能进入到完全的心理自由状态,从而体现出人类的本质和价值,使人产生兴奋的幸福感,马斯洛将这种幸福感称之为"顶峰体验"。人的本性包含真、善、美、正义、欢乐等,这些本性具有共同的价值观和道德标准,若想要实现人的自我实现,其关键就在于如何改善人的自知和自我意识,让人从内心深处感受到自我内在潜能和自身存在的价值,因此总体来说人本主义理论的根本目的就是促进人类的自我实现。

罗杰斯的自我理论下,一个人刚刚来到这个世界上并没有自我的概念,而随着人的成长,随着他和其他人环境产生的相互作用,人便开始慢慢地意识到自我和非自我的区别,当一个人形成最初的自我概念之后,就会逐渐激活人的自我实现趋向,在自我实现的动力驱动下,儿童阶段的人在环境中会进行各种尝试,从而产生出大量经验,通过机体自动的估价过程,一部分经验会让儿童感觉到满足愉快,有些经验则会使儿童感觉到难过、痛苦,满足愉快的经验,会促使儿童寻求保持、持续,而那些不满足不愉快的经验,就会让儿童去尽力回避。在人类儿童时期寻求积极的经验过程中,有一种受到他人关怀而产生的经验,另外一种是受到他人尊重而产生的经验,然而人在儿童阶段,这种受关怀、受尊重的经验完全要取决于他人,即儿童的父母或是监护人、其他人员等,这些"他人"通过观察儿童的行为是否符合其定下的标准和价值,来决定是否给予儿童这种关怀和尊重,由此可以证明,来自他人的关怀和尊重属于有条件的关怀和尊重,这些条件直接体现着他人的价值观,罗杰斯将这种条件称之为价值条件。人类在儿童时期需要不断地利用自己的行为去体验到这些价值条件,因此就会不自觉地将这些本来就属于父母或是他人的价值观念进行内化,最终变成自我结构组成部分,长此以往,儿童会渐渐被迫放弃按照自身估价过程去评价经验,而是改变方式,采用在自我已经得到内化的社会价值规范去评价经验,如此,儿童的自我和经验之间就会发生一定的异化。当处于经验与自我行程冲突的情况下,儿童个体就会感觉到自我受到了威胁,从而产生焦虑心态,而当感受到经验同自我的不一致,儿童通常都会运用防御机制,例如对事件的否认、歪曲或是选择性知觉,对经验进行加工,使经验在意识水平上达到与自我相互一致的程度,在防御成功的情况下,儿童主体就不会出现适应障碍;如果防御失败,那么必然出现适应障碍。罗杰斯表示，以人为中心的治疗目标是将原本并不属于自己的、经过内化而形成的自我部分去除掉，帮助人找回原本属于自己的思想情感以及个人的行为模式，让人变回自己，从面具后走出来，只有如此才能够真正地发挥每个人的潜能，而人本主义理论的实质，就是让人能够充分地领悟到自己的本性，不再过分依靠外来的价值观，让每一个个体重新依靠机体估价过程进行经验处理，消除外界环境通过内化而强加给自身的各种价值观，让每一个个体都能够对自己的思想和感情自由的表达，从而使自身健康发展。

在人本主义理论下，高度强调爱、创造、自主、自我表现、责任心等心理品格和人格的培育工作，可以说人本主义理论对于现代教育产生了深厚的影响，马斯洛作为人本主义心理学的创始人，高度肯定了人类的尊严和价值，积极倡导着人类潜能的实现，而罗杰斯同样高度强调人类的自我表现情感与主体性的接纳，罗杰斯提出教育的目标，就是要培养学生健全的人格，同时教师必须为学生创造出一个积极成长的良好环境。

2.人本主义下的教学理论

人本主义下的教学理论是基于人本主义学习观形成的理论，在人本主义理论下，人本主义心理学家表示，作为自然实体而非社会实体的人类，人性来自自然，人性即人的本性，每一个人都具备发展自身潜能的动力和能力，知觉的重要产物包括行为和学习，而一个人多数的行为都源自对自己的看法的结果，因此真正的学习是涉及整个人的一种行为，而并非仅仅为学习者适时提供知识的行为，真正的学习经验通常都能够让学生充分地发现自己的独特品质，挖掘出自己作为一个人的独立特征，站在这个意义的角度上，学习就是为了让学生成为一个完善的人。而成为一个完善的人，最有效的方式就是学习。

美国人本主义心理学家罗杰斯对于人本主义教学理论的目的做出阐述，罗杰斯指出人本主义下的潜在论、价值论和性善论都体现出了教育目标，教育应该是为了将学生培养成富有灵活性、创造性和适应性的主体，因此教育行为应该高度注重视学生的主动性、独创性和创造性。概括来讲，罗杰斯表示教育所培养出来的个体，应该是一个个性化充分发展的个体，而且这一个体具有一定的责任感和主动性，并具有灵活适应变化的能力，是一个自主发展的个体，能够实现自我价值的人。同时，罗杰斯还将心理咨询的方法向教学中移植，提出了一种非指导性的教学模式，面对传统教学模式，罗杰斯极力批评在传统课程理念下将教师和书本放在教学活动核心位置的行为，罗杰斯认为，这种方式只能让学生成为书本的"努力"，而并非自由的主体。在罗杰斯看来，教学活动就必须把学生放在居中的位置，让学生的自我成为教学工作的根本要求，一切的教学活动不仅要围绕学生的自我需要开展，同时也要围绕着学生的自我需要而进行。基于这种认识，罗杰斯提出了一种非指导性教学要求，在开展教学过程中，教师必须为学生创造一种接受的气氛，围绕着发展个人的目标和发展小组目标开展教学，教师的角色要不断地变化，由此可以充分得知非指导性教学并非完全地站在传统课程思想的对立面，而是在传统课程思想的基础上高度强调了传统课程思想下忽略的一些对于学生发展有利的内容，既需要对传统课程加以改革，在教学过程中赋予学生更多的空间去支配教学过程，并且非指导性教学模式，也会改变传统的师生关系，有效扩展教学研究的视角。

在开展课堂教学期间，罗杰斯表示非指导性教学，需要倡导过程哲学观，即在教学工作中反对任何僵化、固化以及一成不变的内容，虽然罗杰斯在开展人本主义教学理论研究阶段，并未明确或是系统地对非指导性教学方法进行描述，但是站在基本理论的角度和假设的角度，仍然可以发现非指导性教学应该实施如下教学策略：

（1）教师应当对自己深信不疑，同时需要对自己所教授的学生的独立思考能力和自学能力充满信心。

（2）应当由多名教师共同担负起教学活动责任，包括在开展课程计划、教学管理、经费预算、政策制定等工作中，都应该以一个小组的形式去共同承担责任，而并非独立完成。

（3）作为教师要合理地为学生提供学习资料。

（4）学生在学习过程中探究自己感兴趣的问题，而在探索的过程中，每一名学生会就自己的学习方法做出一定的选择，同时需要对这些选择所产生的结果而负责，教师应当基于这种形式帮助学生们制定学习计划。

（5）作为教师要为学生提供一种有利于学习的气氛，这种气氛应该充满真诚充满关心和理解。

（6）对学生开展教学工作，其重心应集中在学习过程中的学生的体验，虽然学习内容很重要，但是学习内容的权重应该排在学习体验之后。

（7）在教学过程中，教师应当强调、引导学生开展自我训练，并且引导学生将自我训练变成学生自身的责任，自我评价工作小组成员或是教师的反馈信息，都会对学生的自我评价产生影响。

3.新课程理念下的人本主义理论

通过对上述人本理论概念的研究，以及人们理论概念下的教学理论研究，可以发现在人本主义理论下开展教学，其主要目的就是通过人本主义理论教学培养出学生健全的人格，充分发挥出学生的潜能，让学生找回自我，从面具后走出，充分发挥每一名学生的潜能。同时，人本主义理论的实质也是让学生能够充分地领悟到自身的本性，不再过分地去依靠外界因素的价值观，可以大胆地利用自身估价开展经验处理，消除一切外界环境通过内化而强加给学生的每种价值观，让每一个学生都能自由地表达自己的思想和感情，让学生身心健康并自由地发展。

新课程理念下，对于传统课程的影响主要体现在内容、结构、教学方式层面。在内容方面，新课程理念使教材的内容编排更加具有时代性，学生在学习之后能够充分提升社会发展的自我适应度，教师不再单纯地以教材为内容开展教学工作，而是会收集更多的课外内容相关知识提供给学生。在课堂结构层面，新课程理念强调教学阶段，必须满足科学性和思想性二者的统一，要求教师满足知识传授与能力培养二者的统一、形成教学阶段的反馈、调节二者统一，以及全面性与个性化教育的二者统一。新课程理念在课程中优化了显性内容，深度开发潜在内容，同时在教学方式上也提高了课堂交流的重视程度,以及课堂知识迁移与创新的重视程度。此外,新课程理念更加重视学生的操作与直观性,大量实验由教师演示转变为学生演示,增加趣味性实验的同时,教师更加注重学生的课堂训练,并且在新课程理念下教学设备得到进一步优化,课堂的氛围更加宽松,充分体现出学生的主体化地位。这些新课程理念提出的要求都与人本主义理论下人本主义教学提出的充分发展个体、一切以学生作为教学中心、一切教学目标围绕学生自我展开非指导性教学理念不谋而合。由此可见,在新课程理念下开展化学课程教学应高度贯彻人本主义理论,通过人本主义教学让学生成为一个完善的人,发现自己的特征与独特品质。

作为教师,在开展化学教学阶段,首先应赋予学生更多的空间去支配教学过程,将教师定位于促进者的角色,改变传统课程理念下教师控制者的角色。在化学教学过程中,第一是帮助学生引出问题澄清问题;第二是帮助学生组织、收集化学知识相关材料,同时为学生提供更加广泛的学习活动;第三是将自己的资源作为灵活的资源,以学生为中心为学生的化学学习开展服务;第四是将自己作为学生学习的参与者或是小组的成员参与到学生的化学活动中;第五是促进学生与小组成员分享自己的感受,进而迎合罗杰斯提出的理论,充分发挥促进者的作用。

此外,作为化学教师,在开展化学课程教学阶段,应当处理好与学生之间的人际关系,在开展教学阶段,基于新课程理念与人本化理论的贯彻,要注意如下几点:

(1)真实。教师必须去掉假面具,以坦诚相见的态度面对学生,让学生畅所欲言,不得存有任何的虚伪;

(2)接受。接受就是对学生的奖赏和信任,作为教师应当在开展化学教学阶段分担学生所遇到过的问题而产生的压力或是痛苦,同时也分享学生进步时所产生的喜悦和欢乐;

(3)理解。作为教育的促进者,教师开展化学教学阶段,需要站在学生的角度去体会,去了解学生在学习阶段真实的内心感受,而并非用教师的标准去审视每一名学生。

　　通过本章节对新课程理念下化学课程基本理论的研究及对认知学习理论、构建主义理论，人本主义理论的分析，我们可以了解到，作为教师，在基于新课程理念下开展化学教学工作阶段，其新课程理念提出的要求，同认知学理论、构建主义理论，人本主理论下提出的内容不谋而合。因此，在教学过程中我们应当充分贯彻这三项基本理论，第一是给予布鲁纳提出的让学生在学习之间了解化学课程的基本结构，并迎合奥苏贝尔提出的有意义学习以及加涅的累积学习说，在学生动机阶段—了解阶段—获得阶段—保持阶段—回忆阶段—概括阶段—作业阶段—反馈阶段采取有针对性的教育措施，坚持构建主义理论下提出的人本主义贯彻，充分发挥兴趣的特点，帮助学生了解构建知识的意义，树立正确的师生角色，同时人本主义理论的支撑下，学会面对学生阶段的真实、接受、理解，通过人本主义教学让学生成为一个完善的人，发现自己的特征与独特品质。

第五章

新课程理念下初中化学课堂教学原则

第一节　主体性原则

在传统的课程理念下，我国教育界的学者针对学生们在学习期间的被动地位开展了长久深刻的反思工作，并提出新课程理念，而新课程理念针对传统教学模式下以教师作为唯一中心的弊端提出了严格的反对与批判，站在后现代主义视角下，我们对已有的课程体系开展深度审视，与此同时我们结合目前世界上最流行的鲜活教育实践开展深度分析，让广大工作在一线的教师可以对主体性教育的实践问题和理论问题得到全面的认识和深度的理解，走出对新课程理念下推出新型教育存在的误解和困惑。新课程理念作为我国教育改革背景下的核心内容，能够充分体现出教育改革的基本逻辑，而充分体现出学生的主体性，更是有效实现新课程理念下教学工作的基本原则，在新课程理念下开展中学化学课堂教学，必须充分贯彻学生的主体性要求，充分把握住学生主体性的发展机制，同时将学生的主体性充分发挥，有效贯彻新课程理念下初中化学课堂教学的主体性基本原则。

1.增强学生主体意识是开展教学的前提。

我国中学教师在开展教学过程中所面临的各种危机和困难，站在根本角度分析，并非因为我们的教师自身的认知水平不够，实际上这些困境全部来自我们的无知，我们并没有充分地认识到学生作为主体性的存在，同时也没有理解其根本的价值有哪些。中华民族经历了几千年的发展，目前已经拥有了大量的知识，然而对于人类主体的存在、行动幸福感领域，却始终没有进行深层次的思考，而这种思考的缺失就导致了我们体悟内的知识和我们认知外的知识二者无法和谐平衡共存，这种不和谐现象导致了我们自身拥有的内在力量和我们的能力智慧，同我们自身所达到的认知之间形成巨大的落差,如果想要有效地摆脱这种困境,那么就必须对我们自身的认知进行一次深刻的变革、透彻的变革。

在教育领域视角下,主体性问题已经逐渐凸显出来,如果教育理论无法有效适应教育实践实现快速发展的这种形式,也就无法为开展教育工作带来有效的指导和引导,那么必然导致我国的教育产业面临巨大的障碍和损失,所以若想充分发展学生主体教育,就要求教育理论充分尊重和发展学生的主体意识和主动精神,培养和形成学生的健全个性和精神力量。

主体和客体在认知角度二者是相互对立的概念,在这对对立的关系当中,主体是人们在开展实际活动实现认知过程中的实际承载者。人类不仅仅是自然中存在的一种生物,同时也是有社会存在感、有思维、有意识的生物。每个人都具有认识客观世界、改变客观世界的一种能力,在已有的客观世界当中,需要人们充分充当主体。站在人类发展的思维角度下,将人类的主体划分为个人主体、集群主体、类主体,而实际上集群主体意识已经属于历史遗产,在新时代背景下更加强调的是个人主体和类主体。因此,我们可以将对于客体而言的主题进行有效的划分,将主体分为认知主体、人格主体,其中人格主体主要负责形成人主体的非理性途径,认知主体负责形成人主体的理性途径,二者的关系是相互渗透、相互辅助、相互影响,以协同的形式共同促进人类主体的发展。所谓主体性,就是让主体和客体之间存在明确的本质区别,同时也是人作为社会实践活动出去的规定性,因此可以说人类本性的精华就是主体性。

具体来讲,人类的主体性特征主要体现在相对于其他主体的独特性、相对于依赖的独立性、相对于构成要素的整体性等多个维度。因此,主体性是整体构成主体的要素,而并非孤立存在的内容,它们之间有着相互渗透、相互制约、相互作用的健全的、统一的整体。若想要在开展初中化学教学过程中落实主体性教育,那么就要以弘扬学生的主体性作为教学宗旨,改造教学结构,让教学结构能够充分体现出学生主体地位。作为充分体现出学生主体性的途径,应该将教学目标定义为打造自主性发展的人才、有效通过教育培养学生积极促进社会发展意识、学生的进取意识、创造精神手段,充分弘扬学生在社会发展中能动性作用。何为化学教学主体性？就是将学生培养成为同社会同向的个人主体，而并非将学生培养成为与社会反向的主体，开展主体性化学教育是在有效增强学生主体意识基础上，通过学习化学技术知识充分培养学生在化学领域下的主体能力，有效塑造学生的主体人格，让学生成为教育活动和自身发展视角下真真正正的主体。在主题教育下，应该让学生通过对化学课程的学习，能够实现相对清晰的自我认知，能够找到自我形象，让学生明确产生目标，并且自身具备务实的愿望和光明的理想，有一种可以通过化学知识有效促进自我成长的渴望，拥有学习的需求和动力，并具备良好的学习品质。

事实上，所谓教育，就是人类开展的自我构建活动，充分体现出化学教学下的主体性，除了依靠教师和学校的努力之外，同时也要充分地发挥学生自身的自主性和能动性。所以，在开展主体性化学教育期间，需要明确学生的主体地位，有效地加强学生自身的主体意识，而这也是体现中学化学教学中学生主体性的有效前提。

2.把握主体性发展机制是教学的内在依据

充分体现出化学教学下学生的主体性，其根本的目的就在于充分培养和发展学生的主体。作为中学化学教师，若想有效实现这一目标，首要的任务就是需要高度明确人的主体性发展的基本机制，这一机制是有效充分体现出化学教学中学生主体性的主要依据，同时也是实现主体性教学的内在依据。

在过去传统课程理念下，很多研究者都是站在自己的研究角度出发，以自觉的形式或是不自觉的形式，应用横截面的方法对人的主体性做出研究。所以，这些学者所获取的研究成果都不可避免地存在极大程度的片面性，例如很多儿童研究学者经常指出儿童是教育的中心，需要将儿童作为教育主体，但是很多低年级教学研究者则更加强调学生主体性的发挥，站在教学的角度来分析，开展教学活动，就是将很多外部的客体中的信息通过教学的形式转换为学生主体的内部内容，也就是将化学、物理、语文等科目的知识，让学生通过学习去逐渐转化为自身的知识，这一过程中自然就会得出学生是唯一主体的结论。但是如果将视角放在教学活动中师生双方关系的角度进行分析，那么教学活动是隶属于师生关系双边活动的一种过程，而在这种情况下都会得出师生"双主体"的观点，造成这一现象的原因是每个研究者各自所处的环境、时代、采用的研究方法有所不同，所以得出的结论必然存在较大的差异性。如果我们将每一个观点加以关联进行比较，就可以明显看出主体性发展的清晰脉络。

站在纵向的角度去分析，在个体发展的这一过程中，通常主体性会经历学前、小学、中学、大学或者硕士、博士等多阶段，在学生的个体不断发展、不断发育过程中，其主体性也得随之不断增强。一个学生在幼儿时期儿童对父母的喂养、教育、保健以及行为规范等各方面的要求全部都是以被动的形式加以接受，或者说去遵从、去吸收，这个阶段下儿童的主体性十分浅薄，而在教育活动逐渐深入发展的同时，学生的主体性也在随之提升，等儿童到了中学或是高中、大学时期，此刻学生的主体性就会产生质的飞跃。首先，多数学生会表现出对于老师的讲授已经不是去被动地去吸收接纳，而是基于主体价值去判断、去有选择性地接受内容，此外学生的主体会有目的、有计划地去主动地改造、接受、纠正眼前的客观世界。与此同时，学生也会对自身的主观世界加以改造。站在横向角度分析，由于学生之间发展的不平衡，虽然多数学生都会处于同一发展水平线，然而同一个班级，甚至是同一个父母养育下的儿童，在主体性方面也会体现出参差不齐的效果。所以，主体性是一个相对动态的概念，笼统地去强调教师的主体作用或是笼统地对学生的主体作用加以表达，已经不适用于当代的中学教育。

上面提到的主体性是一个动态发展的过程，同时主体性不仅仅受制于学生个体身心的发展，也会受到大量的客观环境的影响和制约。客观环境下涵盖了家庭、社会、学校，这些环境并非会对学生的主体性造成直接性的影响，而是通过对学生身边的人进行影响，对教师、父母、朋友进行影响，随后再利用这些人间接性地影响学生的主体性，比如说目前很多学校开展的化学教学在学习过程中，学生往往关心的并非能够充分发挥自己的主体性,或是充分发挥自己的个性、满足自己的要求,多数学生也不会为了主体性放弃对升学的需求。实际上在传统教育影响下,我国学生最关心的主要是高考、中考的分数,因为只有分数才能决定自己能否升学,即使有高分没有能力也可以满足升学的要求,但是如果学生有能力却没有高分,那么对于化学学习的所有成果都无法得到老师、家长乃至社会的认可,在这种制度下根本无法真正充分地发挥出学生的主体性。同时,除了学校的环境,家庭与社会因素也会对学生的主体性造成直接性的影响,从学生很小的时候,家长们就在不断地为自己的孩子灌输出人头地、升学、考高分、考上知名学府的思想,特别是在初中开放化学课、物理课、生物课这些小学从未涉及的新课程,家长通常都会对学生每天的具体日程做出详细的安排,而学生在学习过程中一旦出现越轨,就会受到责备甚至是严厉的惩罚。在这种家庭中,学生没有自由可言,更不用谈如何充分发挥出自己的主体性,因此可以充分论证,一个人的主体性是否得到真正的发挥,很大程度会受到各种因素的影响,但是我们中学化学教师作为教育者,不能被动地等待环境发生变化。教育是培养人类下一代的实践活动,在开展化学教育工作期间,需要按照学生自己的目的,按照人的理想发展状态来合理地改变周边的自然环境,让学生真正地实现自由、自觉、自然地发展,如此才可以充分地体现出学生的主体性。

3.发挥学生主体性为实现有效化学教学基本路径

人类不断地开展学习、实践,其最终的目的是充分地了解社会,让自己和他人都能够更好地面对生活上、工作上的各种问题并加以解决。化学教师作为教育者,其开展中学化学教学的目标,就是为了促进学生能够更好地了解社会,能够更好地面对未来生活工作中的各项问题并加以解决。但是我们要明确,一切生活都离不开个人行为,而学习在很大程度上也属于学生的个人行为,学习的最终指向就是让学生在自己的个人生活中去创造、去理解。在该角度下分析,每一名学生可以说都是自己生活的创造者,也是自己生活的主人。很多时候人都需要被动地去服从他人,但是人不可能每时每刻都处于无奈和被动的状态，人们愿意利用各种方式去尝试、摸索，去实现自己的追求和理想。个体的主体性，是指学生构建行为的基础要素，站在该角度下分析，学生开展自主学习十分有利于学生学会自主，学会负责任地去生活、去学习、去工作。而化学教师作为教育者，在开展中学化学教学过程中都拥有着自己的主体性，也必然拥有人的主体性之下所展现出的整体性、独特性、独立性、能动性、创造性等很多基本特征，但是学生和教师两个不同的个体，两种主体性存在着完全不同的内涵。教师和学生的主体，既有相互关系又有相互区别，同时会产生相互制约、相互促进的作用，二者的主体性对于对方来讲谁都不是主体，同样谁也不是对象，谁都无法操控或是将自己的意志强加于对方主体之上，双方并非一种主客体关系的存在，同时也不是人和物的关系，而是要建立在人与人之间相互信任相互理解的社会关系之上。

若想充分地审视学生主体性和教师主体性的关系，首先需要去承认学生与教师都拥有各自独立的主体性。教师的主体性主要体现在对学生变化的洞察能力、对于化学教材内容的把握能力、对于化学知识以及教学活动的组织能力，这些主体性的体现都充分说明了化学教师是开展化学教学工作的组织者、执导者、设计者。但是学生的主体性这一规则主要体现在学生在接受教师传授知识、学习化学知识的过程中，对于思维的控制能力，利用自己的思维活动来内化化学知识，从而有效提高自身的发展能力，同时学生会形成学习的情感。在教学过程中，学生的角色是教学活动的实践者，在新课程理念下，分析教师主体性的发挥需要站在如何充分发挥学生主体性的角度开展工作，而学生的主体性发挥就必须具备教师主体性发挥的。化学教师在开展化学课程教学阶段，必须充分发挥主体性，为学生创造一个优秀良好合理的教学场景，如此才能有助于学生主体性更加充分有力地发挥。而在学生角度分析，学生主体性的充分发挥，必然会对教师主体性的发挥提出更加严格的要求，正是两方面主体性的矛盾，能够引起化学教学活动的良性发展、有效变化，同时很大程度决定着化学教学活动的发展与延续。双方的统一性是顺利开展化学教学活动的基础，同时双方的差异性也是促进化学教学活动不断改变、不断完善、不断进步的动力,主体意识和角色意识缺失现象,必然会影响教师主体性、学生主体性的发挥,最终为化学教育事业带来严重的阻碍。

另一方面,在初中化学教师开展化学教学活动过程中,师生双方都必须以双方主体的差异性为依据,充分恰当地把握自己的作用和地位,在此基础上发挥出主体性,同时不论是化学教师还是学生任何一方主体性若发挥不足或是过度地扩大自己的角色范围,都会对另一方主体性的发挥造成不良影响。在传统教育理念下,教师中心模式之所以在当代教育下需要改革,其主要原因就是在教学过程中,教师并未明确自己的角色定位,过度地发挥了自己的主体性;而相反,如果过分地以学生中心模式开展教学同样行不通,因为学生主体性一旦超常发挥,那么教学结果必然是学生的生活、学习因为缺乏老师的有效指导而走很多弯路,出现很多失误,甚至于最后学生会迷失方向,导致学生在十分复杂的化学知识中无法继续前行。

由此充分可见,作为教育者,初中化学教师在开展化学教学期间,如果想要充分地体现出主体性教育,那么首先就要高度明确,增强学生主体意识是开展有效教学的基本前提;第二是明确充分把握住主体性发展机制是开展有效化学教学的内在依据,而发挥学生的主体性更是实现化学教学的基本路径,只有掌握了这些基本前提、依据、基本路径,才能够实现中学化学的最佳教学模式建立。

第二节　创新性原则

开展初中化学课程教学中的科学探究,是有效促进学生主动积极获取化学知识、主动认知、主动解决化学问题的重要实践活动,亲身体验经历化学探究活动的过程中,能够有效激发学生学习的内在动力,增进对化学科学的感情,理解科学的本质,有效掌握探究化学科学的各种方法,从而形成科学探究的初步能力。而在化学课堂中,为了有效提高学生的综合素质,提升对学生探究能力的培养效果,就需要通过各种创新途径来落实新课程理念下中学化学教学的创新性原则。

学生的学习过程不仅是学生认知的过程,同时学习本身就是一种探知的过程,在新课程理念全面推进的背景下,知识与技能、过程与方法、情感态度与价值观三个维度的目标对化学教学提出了具体的目标要求。化学教师作为社会需求人才的培育者、引导者,要以培养反应敏捷、思路开阔、具备创新品质思维以及创新能力的个性化高素质人才作为教学目标,在开展化学教学阶段深度思考如何适应新课程理念下的创新性化学教育,让自身在教学过程中具有现代化观念,对教材进行创新处理,改变传统的教学方法,对学生开展创新性的评价,并合理地扩充知识信息来实现现代教育下新课程理念对中学化学教学创新性要求。

1.具备现代化观念

新课程理念下开展中学化学教学,化学教师作为教育者,需要利用创新教育观改变传统的标准教育观,从"师道尊严"转变为师生民主平等的师生观,将原有的应试教育观转变为素质教育观,将传授知识的教学观,改变为培养学生爱学习、会学习的教学观。在中学化学教学中,教师不单单是要让学生获得化学知识和技能,提高学生自身的化学科学素养,同时还要高度强调培养学生的创新精神和创新能力。教师需要创设学生自主活动,让学生自主积极探究,有效地激发学生对化学科学的探究欲望。作为引导者,应引导学生积极参加化学科学以及体验探究的过程,从而获取知识。与此同时,教师还需要高度重视学生的情感态度以及学生价值观的形成,例如在讲授氢气的燃烧爆炸,教师可以先为同学播放一些商场庆典氢气球爆炸伤人的新闻,看完新闻后,首先让学生对新闻有一个心理层面的了解,而不是让学生认为老师在通过新闻再引出新的课题或是自创课题情境,通过这段新闻一系列的描述,让学生对氢气的性质产生浓厚的兴趣,主动去探究为什么氢气球会发生爆炸现象，从而引出学生想要了解氢气性质来解决氢气爆炸的原因。学生通过对课本的研究，在掌握了氢气的相关性质之后，就会主动去解决氢气球爆炸的问题，在这一过程中不仅可以有效激励学生思考问题的心理需求，同时还会培养学生自己解决能力的问题。由此可见，教师必须具备现代化的观念，探究如何在传授知识技能的同时提升学生的创新能力和创新思维。

2.对教材创新处理

虽然新课程理念下通过新课程的改革，化学教材有了一定的变动，然而教材内容的编排并非一定符合每一个学生的认知特点，很多情况下都需要教师对教材内容进行适当的重组和调整，让教材内容更加符合学生的认知规律以及学生的发展需要。因此，在新课程理念下，除了推动学生的创新，教师自身也要对教材进行创新处理，而不应像传统课程中按部就班地遵循教材进行填鸭式教学，应通过合理的教材编排调整，有效激发学生对化学科学的兴趣，同时将化学科学内容同学生实际生活中的内容加以关联，例如将各种金属元素同学生生活中的锅碗盆碟、各种洗涤用品、调味品等有关化学原料的内容加以结合，让学生了解化学与生活之间的密切关联，明确化学来自生活，从而有效激发学生学习化学的兴趣，让学生乐于探究物质变化的奥秘，体验探究科学的艰辛和获得成果的喜悦，感受化学世界的和谐与奇妙。

3.教学方法的转变

古语云：供人以鱼，只解一餐，授人以渔，终身受益。在化学教学过程中，中学教师应用最广泛的方法就是讲授法，而讲授法现在已经遭到了严重的挑战，讲授法是以传授知识为主要内容的教学方法，这种方式已经无法适应课程理念下创新教育提出的要求。作为化学教育者，我们应该大胆地对化学课堂教学加以改革，对教学方法加以创新，在以学生为主体的前提下，最大限度地去培养学生的创新思维能力以及学生对化学领域的实际操作能力，让学生具备会学习的能力。例如将传统课程理念下教师实验的内容改变为让学生自己实验,学生自己动手实验、动手记录数据,不仅可以让学生充分掌握化学理论知识,同时更可以增强实践动手能力和操作能力,让学生通过实验成果和记录数据明确、深度了解化学知识。

4.对学生开展创新性评价

新课程理念下化学教学的创新性原则不仅仅是对于学生教学的创新,同时也要包括对学生评价的创新,作为化学教师,首要任务是改变传统课程理念下以分数高低来评价学生优劣的旧观念,向着素质鉴定观念去转变,既要有利于促进全体学生共同发展,同时又要有效地促进学生的个性化发展。

(1)评价主体

在评价主体方面,教师要把学生当成评价的主人,让学生对自己的表现和学习去负责,让学生更多地看到自己的闪光点和自身具备的能力,让学生在自赏和自责中获得真正的教育,让评价从批判学生的性质转变为展示学生多方面才能的舞台,而并非单纯地评价学生对书本知识的学习成果。

(2)评价标准

在评价标准上,教师需要充分考虑各个学科之间的融合性,考虑学习与学生生活的关联性,同时要考虑非智力因素和智力因素等多个方面,体现综合性、注重实践性,更好地为学生在化学课堂上创造动嘴动手动脑的机会,并大力鼓励学生积极开展操作实验,在观察的同时对化学实验数据信息进行收集。同时,作为教师,我们也应参与到学生的实践活动中,引领学生、鼓励学生在社会底层事务中去获得真正的科学道理。

(3)评价类型

在评价类型上,应当高度评价学生在实践活动中的参与积极性、学生能否依据自己观察或是生活的经验总结出问题、能否根据问题提出化学假设、能否利用身边的材料开展实验设计、能否以实事求是的态度进行记录和收集实验数据,同时要考虑到学生能否从活动中与他人合作交流、能否通过独立思考得出结论。具体来讲,就是通过评价要得出学生是否对化学科学有充分的热爱。

（4）评价方法

在评价方法方面，教师们可以合理对评价方法进行创新，例如对学习档案开展评价、对活动表现开展评价、对实验过程开展评价，最后结合传统课程理念下的笔试测验评价，实现对学生的综合性评价。在学生完成一个学期的化学课程学习后，为了真正实现对学生的有效评价，可以在学生各种学习能力之间加以比较，了解到学生自身的优势和弱点，或者是将学生过去取得的成绩和后来取得的成绩相对比，以了解学生的进步情况，同时也让学生认知到自身的不足。

（5）不断扩充自身的知识信息

面对新课程理念下的创新教育，要求教师需要不断通过新知识、新信息的获取、扩充来提升自身的知识素养，提升教师自身的化学教学工作创新能力。知识更新的速度已然成为当下科学世界的重要标志，化学科学作为发展速度最快的学科之一，我们化学老师只有不断地学习现代教学教育理论，不断完善自身的化学知识结构，及时传递新的信息，同时用全新的教学手段和科技手段辅助开展中学化学教学，才能够使学生适应社会发展的要求，使教学内容适应时代发展的需要。

总体来讲，教育的本身就是一种探索和创造的过程，化学课堂的教学只有学生在充分发挥主体作用，加之老师的良好引导才能够不断地去主动探索化学世界中的新思路、新方法，教师需要引导学生去发现、去探究、去解决，培养学生自主创新、开拓创新的意识，才能实现学生求异创造能力的提升，贯彻新课程理念下对学生开展教学阶段的创新性原则。

第三节　开放性原则

当前我国基础教育已经进入了一个全新的改革时代，正在实现三个转变，即从重视体制到重视人才培养模式的转变，从重视规模向重视质量效益的转变，从重视知识传授向育人为本、全面提升教学质量转变，新课程理念下，教师开展中学化学教学，要尝试开放性教学工作，第一是为了实施中新课程理念下化学课程标准奠定基础；第二是为了使用新教材教学打下良好的基础，并有效促进中学教学方式以及学生学习方式在根本上的转变。

1.开放性的教学设计

贯彻新课程理念下中学化学教学的开放性原则，要具备开放性的教学设计，这一设计涵盖了开放性教学目标、开放性教学内容、开放性教学过程、开放性思维时空。

(1)开放性的教学目标

中学化学教学开放性的教学目标，可将其划分为显性目标和隐性目标，显性目标就是看得到的知识与技能，而看不见的情感、方法、态度价值观就是化学教学的隐性目标，在开展化学教学期间，需要遵循长期与短期目标相结合的原则，充分体现开放教学下开放性的目标。

(2)开放性的教学内容

传统课程理念下，教科书是开展化学教学的唯一内容，而开放性的课堂教学则认为教材仅仅是学生学习过程中的一种辅助工具、一种载体，学生的生活才是取之不尽、用之不竭的课程资源。作为化学教师，在贯彻开放性原则基础上，要善于利用、发现、充分挖掘课本与实际生活之间相关联的内容，利用最新的科技成就来对课堂教学内容加以充实，充分扩展学生的思维。

　　所有的教科书，从计划、编写到投入使用都需要一定的时间，而在这一过程中教科书中的内容无法随意改变和补充，但是在观念和科技快速发展的社会环境下，化学知识日新月异，教师如果仅仅围绕教材开展教学，那么必然导致学生学习的内容滞后，同时学生的化学观念也会滞后于社会的发展速度。因此，将教科书中的内容同实际生活问题加以关联，让化学知识更加形象化、具体化，才能跟上时代的脚步。例如在讲解"化石燃料的利用"课程之后，在教师为学生布置课后习题阶段，可以布置关于未来的能源——可燃冰的安全合理开发利用作业，在此过程中，可以让学生开展讨论，从而基于中学化学教材上的基本内容扩展学生所接触的化学内容与思维。在教学过程中，作为化学教师，为了贯彻新课程理念，需要克服教科书的滞后性以及教科书内容知识的陈旧性，要不断地增加自身的科学信息量和知识含量，要加强网络新闻、报道的关注度，为开放性教学积累更多的知识能量。

（3）开放性的教学过程

　　传统课程理念下，封闭式的教学过程主要以上课铃声和下课铃声作为教学的起点和终点，而开放性的教学过程，并不存在任何明确的起点和终点。首先课堂可以向课前开放，在课前时间段内教师就可以向学生公布教学内容，让学生查找化学教学内容相关的资源，准备一些材料。例如在讲"水资源"期间，化学教师便可以在课前，让学生调查当地水生态的污染情况、水资源的状况、当地的家庭用水情况，同时让学生通过网络渠道等查阅当下所采用的节水措施，让课堂变成自主合作探究化学知识的场所。其次，化学课堂也可以向课后延伸，下课铃声并不能作为教学的休止符，而应该成为继续探究化学科学的新起点。封闭式的教学模式下，师生希望将所有问题都放在课内解决，而站在开放性教学的角度，则高度提倡学生们将问题带出课堂，在生活中加以探究、加以解决，学生可以在课余时间到实验室开展专题研究，通过实验设计、实验器材选择、实验数据记录、实验误差分析等工作，巩固化学课堂上学到的知识，同时学生也可以通过查阅丰富的网络资源，对网络资源进行汇总比较分析来提升对化学知识的理解程度。总体分析，在开放性教学中，学生的探究活动会取代传统课程理论下单一的理论推导和无边的题海。

(4)开放性的思维时空

新课程理念下开展开放性化学课堂教学，师生之间的交往应该是相互的形式，同时信息的传递应该是师生双向、立体、网络化的流动和形式，师生之间可以以知识作为对话的文本，在高度尊重彼此差异的情况下，敞开个人的思想，相互接纳，以无拘无束的形式开展化学科学精神交流，最终实现师生双方视界的融合以及知识的生成。若想实现上述的关系，教师需要充分贯彻新课程理念，树立师生平等的教育思想，正确掌握自己的角色。

2.开放性教学需要注意的问题

在贯彻新课程理念，开展中学化学开放性教学阶段，需要注意如下几个问题：

(1)开放程度

开展开放性化学教学，教师应该注意开放的程度，要立足于大纲，围绕化学科学重点，兼顾基础，不能漫无边际地进行开放。

(2)选择合理的策略与时机

开放性教学需要从教学的实际条件内容和学科的特点入手，教师需要选择合理的教学策略和教学方法，并掌握开放性教学应用的最佳时机，而不是无度地使用开放性教学方法。

(3)培养自己成为开放性教师

开放性教学呼唤着开放性教师的形成，教师在开展化学开放式课堂授课阶段，爱学生、自身积极上进、思想活跃，是开放性教学教师必须具备的基本素质。

综上分析，开展开放性教学是社会发展的必然产物，同样也是时代发展的要求，更是化学学科自身发展的需要。开展开放性的中学化学教学，可以为学生提供更广阔的思维空间，更加多元化的创新情境，更强调学生的主体意识。在开放性教学过程中，化学教师必须兼顾不同学生的实际水平，体现出学生人人成功的教学观。贯彻开放性教学过程中，教师要高度重视归纳和实证,通过合理的筛选、评价,让不同程度的学生都能够学有所得。

第四节　激励性原则

所谓教学的激励性是化学教师利用情感语言等恰当的教学方式,以不失时机的形式站在不同的角度为不同层次的学生予以充分的肯定、赞扬和鼓励,让学生在心理上获得自信成功的体验,从而有效激发学生的学习兴趣。化学教师必须为学生营造和谐的氛围,正确地掌握对学生开展激励的时机,并正确地运用行之有效的激励方式,让每一名学生都能得到全面的发展。

所谓良好的开端就是成功的一半,在新课程理念不断深入、新编的教材不断推广的背景下,课程的评价越来越在新课程理念下课程改革中起到重要的作用,而激励性的评价更是促进学生积极主动探究化学科学的有效策略。作为化学教师,如何激励学生对于化学科学的兴趣是必须重视的问题,在素质教育改革大潮中,我们作为教育事业的具体实施者,更应当积极地探索全新的方法去适应全新的教材和课程理念,在正确发挥激励教育作用的基础上,充分结合瞬时激励和延缓激励。同时,作为化学教师,我们需要应用正确的激励性教育方法对学生进行有效的激励,同时需要避免自身走入激励性教育的误区中。

美国心理学家威廉姆斯指出,人类本性深处的众多企图之一就是被赞美、被尊重、被钦佩,一个人在接受有效的激励后能够发挥出自身能力的80%~90%,相比没有接受激励的人发挥程度会高出 3~4 倍左右。因此激励性维护,站在教学领域是有效挖掘学生潜能、调动学生创造性、积极性,让学生具备奋发进取心态的重要因素。

1.激励需要建立在师生平等、情感互动基础上

《学记》中表示"亲其师而信其道,亲其师而爱其学"。在开展化学教学工作中,学生的情感是对客观现实的一种情绪反应,对于学生的认知有着极大的影响,特别是学生的情感,对于学生的活动有着主体性调节作用和催化的作用。情感沟通是教师、学生双方十分重要的沟通方式,站在教师角度,对于学生的情感是一种高尚的情怀,不仅体现出教师对学生的体贴与爱护,同样也包含着教师对于学生严格的要求,这种情感里融入了教师的道德因素,所谓"情到理方至,情阻理难通"。作为教师,只有身怀对学生真挚而深厚的情感去打动学生、激发学生、陶冶学生,才能够极大程度地激起学生同自己的共鸣,同样这种共鸣必然是建立在师生平等、情感沟通的基础上。教师在日常开展化学教学期间应当以平等身份参与到学生活动中,积极与学生互动,形成师生之间平等和谐、相互尊重的关系,只有在这种关系的支撑下开展学生激励才能够产生深层次的激励效果。

2.激励要保证物质与精神同步

化学教学过程中,对学生的激励应保证物质激励、精神激励双方面同步。古往今来,没有教育家不重视激励的作用,爱迪生曾表示相信自己能行的人就会获得成功。学生在初中阶段有着好动、有活力的特点,中学生喜欢得到别人的认可,以及被人肯定,被人奖励,同样也更喜欢寻求各种刺激来激励自己。作为中学教师,无论面对什么性格、什么背景、什么成绩的学生,都需要帮助学生树立起一个"我能"的信念,让学生相信自己可以做到最好,而这种自信的建立同来自教师的激励有着密切关联。教师对于学生最好的奖励莫过于让学生感受到自己的成功,所以教师在利用评价激励学生期间,可对表现突出的和取得进步的学生给予一定程度的奖励,例如可以沿用小学课堂中惯用的"小红花"奖励模式,随时随地基于学生取得的成就和获得的进步进行奖励,其内容范围涵盖作业完成情况、课堂问答情况、课后是否提出有价值的问题等,待到月底进行红花统计,对前十名予以物质奖励等。

同时也可以充分抓住初中阶段学生的好胜心,设立"互助小组 PK 台"等形式,以竞争的机制对学生进行有效的激励,当某一学生的成绩超过了其他同学,则对其予以奖励,如此便真正实现了物质与精神双层面的激励。曾经有化学教师采用这种"物质+精神"双层激励的形式开展教学试验,试验结果显示得到"物质+精神"双层激励的班级对于化学课程的喜爱程度要大幅度高于仅开展物质激励、精神激励的班级,并且采取"物质+精神"双层激励的实验班学生的学习积极性、考试成绩普遍高于未实施激励手段的对照班。

3.激励语言要正负兼备

在开展初中化学教学阶段,对学生的激励需要注意将正面表扬、负面批评充分融合。新课程理念下,要求教师设法多从正面的角度对学生予以激励、鼓励,利用正面表扬激励学生是我国教师的惯用方法,可以让学生信心满满,以愉快的心情投入到后续学习当中。激励性评价语言,有着极高的艺术性,若使用最恰当的词语,并通过激励振奋的词语表达出来,温和而不袒护、严厉而不刻薄,恰到好处且委婉巧妙,就能够让学生充分得到心理上的满足。假设学生在课堂上将反应物写成生成物,或是将反应条件下的高温写成加热,此刻教师的评价若改变以往批评、指出错误的形式,而是改为:"这位同学方程式中的化学式书写完全正确,反应物、生成物是我们预期的,配平也正确,而美中不足的是反应可能无法正常进行,那么同学们谁有办法将这一不足加以改正呢?"在这种评价方式下,学生不会因为自己书写错误而感到羞愧,因为教师已经肯定了自己书写正确的部分,必然在意识到自己不足之处的同时也感受到了成功的喜悦。如此,在其他学生纠正其错误的情况下学生就会全神贯注地倾听,且其他学生也会积极参与,因为学生们都渴望老师和同学对自己的认可,如此便得到了一举两得、事半功倍的效果。学生在学习过程中犯错误无可避免,特别是化学这种相对抽象的学科,学生必然会在学习过程中遇到各种瓶颈、难题,而作为激励性评价的另一种形式,对学生的批评也十分必要。教育学家马卡连柯表示"批评不仅是手段,更是一种艺术、一种智慧",教师在批评学生之前,首先要保证明确事情的正向,同时批评要选择恰当的实际,在充分尊重学生人格的基础上,利用学生可以接受的批评方式予以批评。同时,教师在将批评的话语讲出口之前,首先需要换个立场思考,考虑自己能否虚心接受相同方式、程度的批评,若是自身处于学生这个年龄段又能否接受,假设自己的孩子受到这种批评又能否接受。严厉、直言不讳的批评很大程度上会引发中学阶段学生的逆反心理,而采用幽默的方式来指出学生的过失则是很多优秀教师经常采用的方式。例如在九年级化学课上,有时会遇到性格活泼,爱接话茬儿的学生,这种学生广泛存在于中学年龄段群体中,优秀教师在学生接话茬儿后并不会批评,而是会用幽默的形式对其进行说教,如向全班同学说"这位同学话茬接的有水平,说明他在认证听课,而且让这些注意力不集中的同学的精神全部都集中起来,老师表示感谢,下节课希望还能听到你的声音",这种情况下学生通常会先表示惊诧,随之而来的就是充满课堂的笑声,不仅活跃化学课堂的气氛,同时又实现了师生互动,并让学生们的注意力再次集中,这一幽默的评价形式不仅意味深长,没有了因教师严厉批评而带来的逆反心理,而且从学生心灵的深处也触动了学生积极向上的决心。

第五节 活动性原则

新课程理念下,活动性的观点是开展主题教学思想的重要组成部分,而活动也是充分生成学生主体性的一定基础和前提。活动是教学的途径,同时教学过程本身也是一种交往性活动。新课程理念下开展化学教学,高度强调注重课堂活动性体验,强调将非理性认知和理性认知相互统一,学生只有在积极活动的实践过程中,才能够将外部经验教学内容转化为自身的内部经验,同时在自身知识体系中形成全新的、特定的认知结构。

1.活动是主体性生成的基础

站在整个人类的角度进行分析,劳动和实践创造了人本身,实践活动让人有了自我优势,让人了解到自然和自身的区别,而人类的主体能力会在实践活动中得到生成、发展,同时人类的发展与实践活动有着密切的关联,每个个体,只有在从事不同水平的活动下才能够生成不同层次的主体,而只有在实践与交往活动当中,才能让自己的个性得到丰富、能力得到发展。站在教育角度而言,教育的本质是促进人类发展的特殊实践活动,因此教师开展教育工作,就更应当发挥活动在教育中带来的积极作用。

2.化学教学下的活动性内涵

从哲学家角度分析,交往活动是主体与主体在一切领域中开展的意义交流与活动交换,是各主体意义传递、理解、协调的活动。交往活动包含四个方面,第一是主题交流,第二是人与人直接的活动交换过程,第三是交往包括交流、理解,第四是交往的形式与手段具有多样性的热点,胡塞尔(E. Husserl,西方哲学流派现象学)提出了"交互主体论",即人们日常生活中开展生动、充满"人格主义态度",这种交往是主体的交流,是人类文明发展的基础,而化学教学,作为促进人类发展的特殊实践活动组成部分,十分典型地体现了"交互主体论",教学中的交往活动是教育实践的重要内容,没有有效的交往活动就不会有良好的教学质量。

同样,辩证唯物主义实践活动观认为,主观、客观的联系无法在静止中实现,而是需要在主体与客体的相互作用下实现,人在实践活动过程中可以充分发挥自身的主体作用,不仅可以生动认识世界,更可以能动地改造世界,并在认识和改造客观世界过程中不断加深对自身的认识与改造,从而进一步加强自身对客观世界的改造能力和控制能力,并且只有主体有了积极、主动的实践活动,人的心理意识才有存在的必要。站在这一意义角度下分析,化学教学工作需要始终将学生放在主体地位上,并且需要充分地调动学生的自觉性、积极性,让学生愿意参与到教学活动中,积极开展自身的思维活动,而此刻化学教师应当作为主导者,对学生的主体性进行提升、弘扬,让学生在更深层次上领会、掌握自身所掌握的化学理论知识,将外部经验转化为自身内部经验,形成全新的、特定的认知结构。

3.化学教学活动性原则贯彻

在初中化学课堂教学中,对于活动性原则的贯彻,首先教师需要将教学目标设定为学生主体性发展层面,致力于让学生在丰富的活动下结合教学设计、组织、实施与评价多个环节来培养学生对化学学习的主动性与能动性,教师和学生必须都拥有充分的自主权,让学生在活动中逐步发展。活动是生成学生主体性的基础因素,故活动性原则应当是将活动贯彻于整个化学课堂教学构成,让学生始终处于主体激活的状态,可以在课堂和课外主动、积极地动脑、动手、动口,去行动、去对各项活动进行实际操作,教师需要为学生创设积极活动的各种情况,确保学生可以实现自主活动。在贯彻初中化学教学活动性原则方面:

第一,要确保化学课程中的活动有足够灵活性和多样性,需要涉及、渗透到学生活动的每个方面、每个层次,同时要将在教室内的教学和教室外的教学有机融合,将教材知识传授、学生智力开发、学生情感陶冶、学生品德培养充分融合,同时将学生、教师的活动加以结合,教学活动在丰富多彩的基础上让教师加入学生当中,共同开展师生互动。

第二,教师需要留给学生充足的自主活动时间。在化学教学过程中,学生所需开展的活动包括两个分类,第一类是在教师直接讲授的基础上开展活动,即非自由活动。第二类是在教师的指导之下由学生独立完成操作活动与心智活动,即自主活动。对比之下,非自由活动虽然也可以在一定程度上发挥出学生的主体作用,但是自主活动才是真正发挥学生主体作用的活动类型,故作为化学教师,我们讲述的课程要少而精,将更多的时间留给学生开展自主活动,如问题思考、问题讨论或是其他类型的自主活动,与此同时,应尽量帮每一个同学都创造动手、动脑、动眼、动口的机会,且需要高度强调自习课和课外活动的协调性。

第三，在新课程理念下，贯彻活动性原则的化学教学，教师必须将自身摆放在主导作用的位置，需要高度明确教师、学生共同参与的双边活动过程才是有效的教学。在这一过程中，教师和学生互相影响、相互制约，而教师的主导作用直接在于教学艺术发挥的成效，教师若能够做到因材施教、充分引导、激发学生资助学习，在活动后中将教转化为学，由授"鱼"到"渔"，才可最大程度让学生形成有效的主体能力、主体意识、主体人格。

第四，在贯彻活动性原则同时，需要充分促进学生在教学活动中的有效交往，除了实现师生交流，同时也要推动生生交流，通过有效交往培养学生在活动中的自控能力、学习借鉴能力、合作能力，让学生学会创造、学会关心、互相促进。

第六章

新课程理念下初中化学教学设计

第一节　教学设计内涵

1.教学设计内涵与特点

在世界教育产业快速发展,教育水平不断提升、教学方法不断创新的背景下,不同的学者对教学设计一词赋予了一定差异的内涵。1899 年,著名教育心理学家罗伯特·米尔斯·加涅曾(Robert Mills Gagne,1916—2002)在《教学设计原理》中为教学设计给出定义,即"教学设计是一个系统化规划教学系统的过程,而教学系统本身,是对程序、资源开展有利于学习的安排,任何组织或是机构,若是其目的在于开发人的才能,那么这些机构或是组织都可以被归纳到教学系统当中"。帕顿在其著作《什么是教学设计》一文中表示:"教学设计,就是利用科学原理来满足人类的需要,教学设计就是对学业业绩问题的解决措施开展策划的过程"。美国教育心理学博士、当代国际著名教学设计理论家查尔斯·M.赖格卢特(Charles M. Reigeluth)对于教学设计的定义,同教学科学定义基本一致,在查尔斯·M.赖格卢特看来,教学设计也可以被称为教学科学。他在《教学设计是什么及为什么如是说》文中对教学设计做出定义,即"教学设计,是涉及理解和改进教学过程的学科,任何设计活动的宗旨都是提出一些达到预期目标的最优途径, 所以教学设计是关于提出最优教学方法的一门学科,这些最优的教学方法,其目的是可以让学生的知识、技能发生预期中的最优变化"。

综上分析,结合诸多学者提出的观点,可以总结出所谓教学设计就是依据当前国家执行的课程标准以及提出要求, 在充分考虑教学对象特点的基础上,对教学要素开展有序安排,最终确定教学方案的设想以及计划。通常情况下,教学设计包括教学目标、教学重难点、教学方法、教学步骤以及时间分配五大环节。

通常,成功的教学设计包含五大特征:

特征一:教学设计,是将教学原理通过转化、编写等加工使其称为教学材料或教学活动计划。开展教学设计工作,设计者必须遵循教学过程的基本规律,明确教学目标,解决教学工作中教哪些内容的问题。

特征二:教学设计,是为了实现教学目标而开展的计划性活动、决策性活动,教学设计需要通过计划、布局安排的形式,针对如何达到教学目标开展创造性决策,从而最终解决如何开展教学工作,即怎样教的问题。

特征三:教学设计,是以系统方法作为指导,即在教学设计工作中将教学的各个要素看成一个整体的系统,并分配教学问题和需求,确立解决问题、满足需求的纲要,最终让教学效果满足最优化目标。

特征四:教学设计,是提升学习者获取知识、技能的效率,以及提高学习者学习兴趣的技术过程。在开展教学工作中,教学设计隶属于教育技术的重要组成部分之一,而教学设计的功能就在于利用系统的方法对教学过程开展设计,使之成为一种具有操作性的程序。

2.教学内容设计要求

教学设计的目的,是为了提升教学的效率和教学的质量,让学生在单位时间内可以学到更多的知识,且更大幅度地提高学生各方面的能力,让学生获取良好的发展。在新课程理念下开展教学,必须遵循本书第五章提出的五大原则,即主体性原则、创新性原则、开放性原则、激励性原则与活动性原则,即对教学的设计工作,需要确保课堂教学工作能够有效增强学生的主体意识,把握学生的主体性发展机制,发挥学生的主体性。同时,教学内容必须具备现代化观念,通过对教材的创新处理与教学方法的转变来提升教学效果,通过创新性的评价实现对学生公平、合理的点评。在确立开放型教学目标,即长期、短期相结合目标的基础上充分开放教学内容,积极扩展教材之外的内容,结合教学阶段开放型思维空间,让各种类型的学生都学有所得,并基于师生平等、情感互动的基础上提升学生学习的积极性和能动性。在活动性原则下充分生成学生的主体性,通过师生交流、生生交流让学生学会创造、学会合作,并具备良好的自控能力、合作能力。

教师在开展教学设计工作时,不论是化学、物理还是语文等学科,教学设计下的教案都必须满足如下基本要求:

(1)教案中必有内容

教案中必须具备:教学课题、教学目标、教学重点、教学难点、课堂板书设计(或是 PPT 演示文稿),采用的主要教学方法、应用的教学工具,教学各个阶段的时间分配、教学的五大环节(过程)、教师的活动、学生的活动、各个阶段教学设计意图、课堂教学后的评价和反思内容。

每位教师都有自己的设计方法和设计风格,同一个教学内容,不同教师所设计出的教案形式可以有所不同。虽然不求完全相同,但是要求基本部分相同,教师的备课和讲课,要依据《纲要》与《课标》开展,但是不可唯《纲要》与《课标》,需要具体根据学校的条件、学生的能力、接受水平对教材进行二次开发,即上述提到的创新性原则。教师需要充分发挥自我,体现出教师自身的价值,不论课堂上听课的是领导、专家、教师或是学生,都能够充分展示自身课堂教学对新课程理念的渗透与贯彻。

(2)教案内容要详细

教案要尽量详细,有经验的教师应让教案简洁而不简单,课前必须准备好教案,实现对教学的有效设计,不得无教案上课,也不得出现后补教案现象。同时,在实施课堂上合计内容阶段,教师同样需要根据课堂实际教学变化情况而灵活调整教学内容,不可将课堂内容过分拘泥于教案本身。

第二节　教学设计要点

针对初中化学课堂的教学设计,需要注重的要点包括教学目标、教学难点、教学方法、教学步骤、时间分配以及新课程理念下对主体性原则、创新性原则、开放型原则、激励性原则、活动新原则的遵循。

1.明确教学目标

作为化学教师，我们必须要对教学目标有高度的认识。什么是教学目标？教学目标就是教学活动实施的具体方向和预期达到的成果，是一切教学活动的指导性内容，决定着教学流程的设计、教学方法的选择、教学资源的利用乃至教学时间的安排，是一门科目教学的核心与灵魂。在开展化学教学过程中，教学目标在整个教育体系中具备极强的导向作用，同时教学目标也是开展教学过程的出发点和归属，是作为化学教师对学生达成学习成果或是学生的最终学习行为的阐述，一切教学活动都需要围绕教学目标来开展。就教学目标本身而言，它是在教学过程中支配教学实践活动开展的内在规定性内容，直接支配、指导着教师的教学工作，同时也是教师对课堂教学开展设计工作的根本依据。对教学目标的分析、确定，属于整个教学设计流程的起点。教学目标制定首先要确定教学工作对于学生学习内容所要达到水平程度的标准。

在备课阶段，很多年轻教师通常依赖一些教参等辅助性材料、书籍，很少自主进行教学设计思考，而一些从教多年的教师，基于自身教学经验、职能素养以及对化学教材内容的深度了解，更愿意依赖于自身的经验、感觉开展化学课程教学。这种教师行为目标代替学生学习目标的教学方式，直接形成了老师教什么、学生学什么的局面，目标定位不准确，整个课堂教学缺乏有效的整体性和科学性。特别是对于初中化学，每一节课程、每一次试验都直接影响着学生的化学科学素养的提升、对知识的探究能力以及理论知识关联实际生活的能力，如果每一个知识点、每一堂课乃至每个学期没有明确的教学目标，仅凭经验或是教参辅助书籍来抓，那就等于什么都没有抓住，如此必然会影响化学课程教学效率与教学质量。

2.抓住教学重难点

教学重难点是教学重点和难点的统称,是开展教学设计中的必备环节。初中化学教学的重点就是在课堂上通过授课必须让学生掌握的基本技能、基本概念、基本规律和教学内容所体现出的思想方法,也可以称为教学核心知识。教学难点就是在课程中学生不易理解、难以渗透的知识,或者是学生难以掌握的技能、技巧。难点并不一定是教学重点,同时有很多内容可能既是重点也是难点。难点通常需要根据学生的水平来进行教学设计,同样的一个问题对于不同的班级、不同的学生并非一定是难点。通常情况下,教学工作中让多数学生感到难的内容,就应当被视作难点。作为教师应当通过各种有效的教学办法、教学手段让学生突破难点,否则不但学生可能听不懂,无法渗透化学知识,还会为学生理解后续课程的新知识造成瓶颈。通常意义上对教学难点的解释,就是新的知识与认知水平存在着较大的落差,学生短期内或是凭借自身已有知识体系无法掌握。

作为九年义务教育中最后开的课程,初中化学对学生的理解能力、归纳能力、动手能力、抽象能力都有一定的要求,很多化学教师在开展教学活动时,经常遇到课程讲完后学生一听就懂,但是一做就懵的问题。攻克教学重点难点,需要教师采用适宜的教学方法来促进学生的学习效果与教学效率,如利用元素符号方法、加强实验方法、谐音记忆、讲练结合等手段来逐一攻破难点。

(1)元素符号方法

例如在化学课程出现元素符号后,首先要让学生掌握27个常见元素符号,这一要求实际上已经接近初中生现有的接受限度,随后陆续开展的化学式书写、化学式计算、化学式方程应用等都需要以这些元素符号作为基础。真正接受这些元素符号,让学生形成新的知识体系,对学生来讲其记忆密度较大,很多学生难以适应。无数实例证明大量学生是在这一阶段逐渐失去了对化学学科的兴趣,甚至对化学科目产生畏难情绪,可以说这是初中化学第一个教学难点。针对这一难点,可以利用元素符号方法开展教学,利用分散剂以开展前置教学工作，自课程开始就充分抓住学生对于化学这门从未接触过的科目的新鲜感,每节课都教给学生几个元素符号,随后在第二节课对学生的记忆情况进行检查,在学生接触 27 个元素符号课程之前,基本上就已经完成了这些元素符号的记忆。再利用前一个单元的课程对前面所学的符号进行反复练习、反复检查,便可有效地加深、巩固知识。如此一来,当课程进行到元素符号学习内容后，这就成了学生学习元素符号的画龙点睛之笔。通过复习形式的学习,让学生深度巩固元素符号,如此绝大多数学生都可以熟练掌握 27 个元素符号知识,并结合后续的实验课程让学生不断重复操作,不断巩固。

（2）加强实验教学

实验是充分培养学生主体性,让学生深度渗透化学知识的必备环节,因此教师必须将实验课也作为教学的重点，通过高度的重视来解决化学教学中的难点。例如学生在学习物质结构阶段,物质结构的知识本就抽象、难懂、往往学生在听课后不知所云。物质结构中的微观粒子看不见、摸不到,学生仅能够靠分析的形式来宏观地诱发自己的想象，以间接验证的形式来论述物质结构的存在和规律。再例如核外电子分层运动,这一化学知识内容无法套用宏观物体的运动规律对微观粒子的运动状态加以体会, 同时也不能够以宏观物体的运动状态作为例子来描述原子核的外电子行为, 因此抽象能力较弱的学生学习起来必然十分困难。此刻就需要充分加强实验教学的应用,配合多媒体的手段,例如让学生亲自操作品红在水中扩散、浓氨水挥发让酚酞变红等实验,间接证明看不见的粒子在运动变化,同时再辅助计算机软件的应用,站在微观的角度向学生展示微观粒子的运动情况,让学生更加直观、生动的了解化学学科,使其更加容易接受。

（3）谐音记忆方法

初中化学课程中的知识有着内容多、较分散的特点,学生经常记住新的化学内容就忘记之前学习的内容,此刻可以采用谐音记忆法,例如在讲解电解水时,正、负极分别产生的气体学生极易搞反,这种情况下,就可以用负氢的谐音"父亲"让学生产生深刻记忆。再例如实验课上制取氧气的步骤,往往也让学生感到头疼,这一步骤包括:①检查实验装置的气密性;②装药品;③固定装置;④点燃酒精灯加热;⑤收集气体;⑥实验结束后,撤除导气管;⑦熄灭酒精灯,停止加热操作。为了让学生牢记这一流程,可以在每一个实验步骤中提取一个关键字,即"查、装、定、点、收、离、熄",利用谐音的形式让学生记住"茶庄定点收利息",如此学生会觉得十分风趣幽默,进而加深制取氧气步骤的记忆印象。

(4)讲练结合、以练为主

化学方程式配平、化学方程式计算、溶质质量分数综合计算等关系,以及试验探究等内容,都是学生感觉头疼的知识点,必须加深学生的理解,让其掌握好一般方法并熟记计算公式,才能够真正起到促进学生化学科学素养的成效。因此,在攻克重点、难点阶段,教师应运用讲练结合、以练习为主的教学方法,为学生提供更多的动手操作机会,只有让其直观、直接接触到化学知识,通过反复的练习加上教师的讲解,才能够不断积累经验与方法,不断对化学知识加深巩固。而在这一过程中,教师绝不可操之过急,需要循序渐进让学生慢慢领会知识要点。

总体而言,并非教师一定要采取上述某一种教学方法去开展化学教学,而是需要教师针对化学课程不同阶段、不同重点以及不同难点,对各种技巧进行灵活运用、调整,确保做到因地制宜,始终可以让学生更加直观地了解化学知识,同时加深学生对知识的理解程度,牢记各教学重点,逐一攻破教学难点。

3.选择适宜的教学方法

教学方法,即教师在开展教学工作阶段使用具体的方法,教学方法论中包含了教学方法指导思想、基本方法、具体方法、教学方式四大层面。教学方法下涵盖了教师教的方法,学生学的方法,即教授法与学习法。开展教授法应用,必须以学习法作为依据,否则便容易缺乏针对性与可行性,无法有效完成教学目标,达不到预期教学成果。不同的文化氛围、时代背景,对于教学方法的研究角度、理解层次都有着一定的差异,但是不同国度、不同文化氛围以及社会背景下的教学方法界定有着相同的共同点，即教学方法必须服务于教学目标和教学要求，它是师生双方共同完成的教学活动手段，即教学方法是一种师生之间共同完成的双方行为体系。

站在教学方法的外部形态角度下，同时综合分析学生认知活动特点，我国著名教育学家李秉德教授对中小学教学活动中通常采用的教学方法做出分类。

（1）以语言传递信息为主的教学方法，这类教学方法包含讲授法、讨论法、谈话法、读书指导法；

（2）以直接感知为主的教学方法，包括参观法、演示法；

（3）以实际训练为主的教学方法，包括实验法、练习法、实习作业法；

（4）以欣赏活动为主的教学方法，如陶冶法等；

（5）以引导探究为主的教学方法，如探究法、发现法。

与此同时，我国著名教育家皇甫全教授指出，从具体到抽象，教学方法是由三个层次构成的。第一层次是原理性的教学方法，即专门解决教学思想、教学规律、新课程理念和学校教学实践直接关联问题的方法，是将教学意识在开展教学实践过程中方法化的成果，此类教学方法包括启发式、发现式、注入式教学法等。第二层次是技术性的教学方法，此类方法可以收到上述原理性教学方法的指导，可以同不同学科的教学内容完美融合构成操作性的教学方法。在整个教学体系中，技术性教学方法起到中介性的作用，此类方法包括谈话法、演示法、讲授法、参观法、练习法、试验法、讨论法、读书指导法、实习作业法等。第三层次是操作性的教学方法，即上述提到的通过技术性教学方法和各个学科教学内容融合构成的方法，这类方法是各科教师在开展教学阶段使用的具有特殊性的教学方法，例如语文课堂使用的分散识字法、英语课上使用的听说法、化学课上使用的谐音记忆法等。

初中化学课程知识相对分散，且很多难点学生往往需要更多的讲解、引导才能够加以理解，因此很多化学教师往往感觉课堂时间不够用，甚至一些教师无法完成教学任务。总体分析，造成这一问题的主要原因是讲课阶段不够清晰、不够直接，有时候将简单的问题复杂处理，有时候跑题，有的时候讲的内容已经超出了初中生理解的水平，或是一定程度削弱了化学教材内容的清晰度。往往教师讲得满头大汗也得不到理想的教学效果,这正是因为很多教师没有选择合理的教学方法。当今的教学方法越来越现代化,科学的教学方法不仅可以降低教师教学工作的难度,同时也能够提高学生的注意力,充分发挥教师和学生彼此的智慧和积极思维,最终让教师完成教学任务,促进教学目标的实现。新课程理念下,对教学方法的选择要遵循如下原则:第一,教学方法必须同教学目的相互适应,教学目的就是每节课的教学任务,每节课的任务有所不同,选择的教学方法也需要因地制宜;第二,教师选择的教学方法必须同学生心理特征和学生知识水平相互适应,不同年龄段的学生其知识水平高低、理解能力都有所差异;第三,教学方法的选择应当和化学教师本身的特点相符合,每一名教师的业务水平、特长都有所差异,教师应当将自身的特点作为选择教学方法的依据。教学方法是促进教学目的实现的工具,教师要确保教学方法的运用可充分发挥出自身的长处,并且使用起来应当是得心应手,而不应是按照指导材料生硬开展教学方法实施。

4.合理设计教学步骤

新课程理念下开展化学课堂教学步骤设计，首先需要高度强调新课程理念下中学化学教学提出的主体性原则、创新性原则、开放性原则、激励性原则与活动性原则,在情境导入、探究新知、应用提高、反思调节四大步骤下渗透教学原则:

(1)情境导入

正所谓良好开端是成功的一半，教学情境导入同教学效果有着十分密切的关联,在教学过程中,导入向来被视为十分重要的环节,它不仅是新课程的开端,更是师生沟通的一座桥梁。通常情况下开展化学课堂情境导入,教师需要遵循如下原则,第一是情境的导入要符合教学的目标,要严格依据既定教学目标开展导语设计,同教学目标无关的内容不得强硬添加,不能让导语游离于教学内容之外;第二是情境必须符合教学的内容;第三是要从学生实际出发。新课程理念下高度强调学生主体,学生教学效果的好坏需要通过学生来体现,因此情境导入阶段要从学生的实际角度出发,统筹考虑学生的性格特点、年龄特点、性格特征,不得过深地导入避免学生无法接受;第四是要从课型的需求入手,导语设计阶段要因课型的不同灵活运用。

(2)探究新知

探究新知是化学课堂教学第二步骤。所谓"新知"及课堂教学的主体,传统教学模式下,探究新知被称为讲授新课。新课程理念下,对新知的探究具有多样化特征,不拘一格,但新课程下新知探究的核心内容是探究,而并非接受。作为课堂最重要的环节,教师能否带学生共同对新内容实现成功探究,将极大程度决定着课堂的成败。而对于如何良好开展探究新知,不同的教师会采用不同的方法,正如同一千个观众心中有一千个哈姆雷特。然而"教学有法、教我定法",新课程理念下的课堂本身就有着灵活性、多样性特点,教学方法自然也有好坏之分,教学阶段我们不能以固定的模式去探究新知,故可从如下几个环节实现探究新知的优化。

第一是接受间接知识同自身经验的矛盾。在教学过程为学生创造一个快速及接受间接知识的良好环境与路径,是学校、教师开展教育工作的主要功能之一,课堂教学的主要方式就是让学生间接接受化学知识,同时这也是化学教学课堂探究新知的主要形式。教师开展教学时切忌忽视学生在探究过程中自身亲历的重要性,只有亲历才能够让学生真正了解知识的来龙去脉,充分体验获取知识的艰辛和幸福,才能够真正实现立体式的知识获取,在获得知识的同时享受过程教育,从而萌生学习化学的自信和喜悦。

第二是化解教师作用和学生作用的矛盾。作为中学化学课堂的引导者、引领者和组织者,化学教师在课堂教学过程中的作用对课堂成败有决定性的作用,而学生是化学教学课堂探究新知的参与者、跟进者和亲历者,课堂若失去学生作用,则同样无法发生教学行为。因此教师开展教学时,要平衡好教师作用和学生作用,不可过分强调教师作用导致学生陷入被动,使化学课堂教学产生消极负面情形,也不可过分强调学生作用,学生作用过高则会让化学教学课堂无序且低效。

第三是要维持学习目标的共性和个性的平衡,化解二者的矛盾。中学化学的班级授课阶段,强调学习目标的一致性与教学主题的共性,但是化学教师须知共性亦包含在个性之中,课堂失去了个性也就等于失去了共性,化学课堂若失去了学生的个别学习,也就等于班级教学不存在收获。化学教师需要掌握班级教学过程中"收"和"放"的度,不收,就很难维持共同学习,而不放,就无法充分激发、调动学生学习化学学科的积极性与能动性。

第四是高度关注学生的参与度。学生的参与同化学课堂教学效率有密切关联,新课程理念下主张教师与学生共同作为活动主体,将教材看作教学的课题。教师基于自身的成人优势和引导地位,参与教学活动相对容易,但是要注意,在教师和学生共为主体的化学课堂中,教师的过度参与会在一定程度对学生参与程度造成排挤和抑制,故学生对教学活动的参与性应当作为化学教学课堂的重要关注点。特别是传统教学定式仍旧相对牢固的当下,在化学教材内容不断深入的背景下,教师必须充分运用小组学习、个别教学、引导学生自主探究等形式,高度强调学生的参与度。

(3)应用提高

实现化学知识探究新知后,合理将学生间接接受的知识加以应用,直接决定着学生对化学知识的了解深度,而知识的最佳应用就是与学生的生活进行结合。新课程理念下,化学教师开展教学应充分贯彻美国教育学家杜威提出的"教学即生活"理念。在"教学即生活"视阈下,生活经验对学生来讲是亲切而值得信赖的,因此只有在贴近生活的情境下才能让学生对知识始终抱有充分的热情,而中学化学教学内容的开展,又恰好是从生活中常见且重要的事物入手的,故化学教师在课堂上引领学生对化学知识加以应用阶段,应当从学生日常的生活中发现问题、提出问题,并让学生用自身具备的化学知识去解决问题。同时,这种将知识充分应用于生活的模式,会让学生因利用自身知识解决生活中的问题而感到喜悦,对于化学知识的兴趣自然得到有效激发。例如我们在带学生学习"二氧化碳的性质和用途"的时候,就可以从喝汽水为什么能起到解渴效果入手,创设贴近生活的学习情境,让学生使用自身的知识去探究问题的答案,也可以从菜窖中为什么人会感觉到呼吸困难,灭火器为什么使用二氧化碳,其原理是什么?如在带领学生学习硫酸时,为让学生充分对二氧化碳知识加以运用,可以从硫酸的具体用途、硫酸毁容的相关报道等为学生创设贴近生活的情境,这种知识结合生活的教学情境,可以让学生加深对硫酸的理解,深度掌握使用硫酸的具体注意事项。再例如学习原子的结构时,多数学生初次接触原子、分子,很难理解微粒之间存在的间隔,此刻就可以联合学生的生活进行举例,如用一个筐装满花生米,再用相同容积的筐装同样多的大米,随后将大米与花生米混合,二者最终的体积是否等于原来两筐体积之和? 利用这种生活实例的形式,能够让学生更深层次理解微粒之间有间隔这种十分抽象的理论。生活之中不缺少化学知识,缺少发现知识的眼睛和应用知识的双手。作为化学教师,我们要善于挖掘、发现现实生活同化学知识的关联,同时以学生的知识基础与实际能力为依据,将课堂设计成学生充分运用自身知识解决实际问题的情境,让学生在此学习情境下真切感到化学知识在生活中无处不在,化学知识的学习对自己的生活真正有用,如此必然对化学知识产生十分浓厚的兴趣与求知欲。

此外,对于化学知识的应用,除与学生的生活密切关联外,教师还应结合化学教材的内容带领学生开展课外探究,将社会作为化学知识的最终用武之地,加深学生对化学科学的深度理解。所以,作为化学教师,我们在教学阶段不应仅高度关注课堂时间内的学习活动,还要将课外探究作为实现学生化学知识应用的重要领域。例如在带学生完成"合成材料"学习后,学生已经知道日常生活中一些塑料原材料为聚氯乙烯,一些为聚乙烯,同时亦了解到聚乙烯塑料有毒,不可用于食品包装。在课后,教师可为学生布置课外探究活动,如让学生回家之后分析自己家中的塑料制品,哪些是聚氯乙烯,哪些是聚乙烯,如何用肉眼进行区别? 在完成混合物中质量分数计算后,教师可以让学生放学后在家中计算化肥氮元素质量分数。再如当学生完成蛋白质、糖类、油脂学习后,可以让学生对午餐或是家中常食用的食物进行归类,收集相关食品营养成分的资料,并尝试为自己与家人制定健康、营养的膳食计划。

第三种方式是引导学生开展试验,这一方法也是大量优秀化学教师最常采用的方法,可以让学生真正地将自身所学知识应用到日常生活中。例如让学生使用生石灰去除鞋子里的异味，在番茄中平行插入铜片与铁片制作成水果电池，利用羊毛织物、化学纤维燃烧时的现象与燃烧产物探究如何区分化学纤维和羊毛织物等。这些小试验都是以学生身边的化学物质作为试验材料，学生对这些试验材料有很强的亲切感，同时使用起来也得心应手，可以让学生真正感受到学习化学的奥妙之处与乐趣，在提升对化学课程兴趣同时，极大程度培养学生的创造能力和试验探究能力。同时，在课堂活动与生活结合、课外活动布置期间，化学教师心中必须时刻明确这些活动并非以考量学生学习效果为目的，而是利用课外探究、知识应用的布置，帮助学生或让学生自己去创造使用条件，再通过教师合理的引导发现错误、纠正错误。对自身所学知识加以巩固，促进学生将中学化学知识转换为自身的实践能力。

（4）反思调节

反思调解环节为初中化学教学最后一个环节，该环节需要进行化学课堂教学工作的反思与总结，在巩固知识的基础上总结、整理化学知识。该节点下，教师可运用多种方法对一节课所学的知识进扩展，如画龙点睛法、置疑法、求异法、衔接法等。

第一种，画龙点睛法。在结束教学阶段，将化学课堂中关键问题以及精彩片段，抑或是重要的方法，以精辟的方式进行概述，同时将上述内容设计成发人深思的问题，引导学生对本节课程所学的知识进行升华。

第二种，置疑法。教学构成中教师引导学生顺着自己的思维走，在结束课程教学前突然设置疑问，让原本已经趋于平静的课堂再次掀起波澜，使学生将质疑延伸到课堂之外。

第三种，求异法。在结束化学课程教学期间，化学教师可以引导学生开展前后联系，将带有共同特点的内容的相异点——列举，并开展对比分析，让学生在分析中加深对化学知识的认知。

第四种，衔接法。该方法是促进学生后续学习顺利开展的方法，化学教师在课程结束阶段应向学生提出预习下一次新课程的要求，例如教师在完成"铁的性质"化学课程教学后，可要求学生在课后时间预习"二氧化碳的性质",随后让学生前瞻二氧化碳在生活中都存在于哪些事物中,如此便实现将课程内容过渡到下一节课中,即实现化学课程之间的衔接。

第五种,启迪法。教师可以以化学课本内容引导学生,这种引导可以是思想层面引导,亦可以是学习形式上的引导,启迪学生对自己本次课程所学的化学知识进行扩散分析,在扩宽学生知识面、培养学生扩散思维的同时,为学生对知识的应用奠定良好基础。

5.教学过程中时间的分配

有效的课堂管理是决定化学课程教学成败的重要影响因素之一,同时亦是对化学教师职业素养的考验。不同学科具备独特性,对教学过程中的时间分配管理,需要以学科的热点为依据制定管理思路与计划。初中化学的第一特点是初中化学知识同当代社会、生活、生产都存在密切关联,第二特点是初中化学具备较强的实用性、第三点是初中化学需要以试验为基础。结合初中化学教学三大特点,实现良好的时间分配应从如下要点开展工作:

(1)关键时间解决关键问题

根据无数教师教学经验总结得出,通常一名初中学生在课堂上的最佳思维时间为前 15 分钟,而这一段时间可被视为是课堂教学中的关键时间段。我们应充分利用这一关键时间来解决化学课堂上最关键的问题,而实现这一目的的关键要素是教师在课前要做充分的准备,在课程前期就将教材吃透,同时吃透学生、了解学生,以教学要求和学生的实际情况作为依据开展化学课堂教学初步设计,将重点、难点安排在课堂前 15 分钟,围绕如下五个要点开展工作:①反复研究阅读《课程标准》和化学教材,使自己深入理解教材,对教材进行详细分析,最大化实现对化学教材的二度开发;②重视课堂上与学生的交流,利用与学生的交流掌握其目前基本的学习状况,即学生对知识的掌握情况以及自身所具备的学习能力、学生的喜好乃至学生的个性;③在课前率先让学生进行知识预习,让学生在化学课堂正式授课之前就做好学习的准备,避免学生因准备不足无法在 15 分钟关键时间内完成最重要的学习重点内容;④将导课做到短小、精简,所谓短,即导课消耗的课堂时间不应超过 2 分钟,所谓精,导课的内容需要具备极强的针对性和启发性,要直奔化学课程主体, 且在新课标理念支撑下最大化避免在课堂中耗费时间复习旧知识的模式;⑤对于技术的准备要充足,化学课堂以试验为支撑,教师要在课前做好课堂中试验内容的筹备, 对各项试验必须具备百分之百的把握,同时必须要对各类新型信息化、多媒体设备熟练操作,不得出现任何失误耽误课堂上的关键时间。

(2)提升有效学习时间

提升学生在化学课堂上的有效时间, 第一是要根据学生的实际情况对课堂教学内容进行合理安排,第二是要注意合理利用化学学科的特点,第三是在体现学生主体性阶段注意的问题。

第一,以学生实际情况为依据安排教学内容

为有效提升全体学生的有效学习实践,开展初中化学教学应做到:①充分运用化学学科同社会、生活之间的关联,利用学生当前已经掌握的生活经验,配合试验让学生快速理解、掌握、运用化学知识,同时提升学生化学课堂教学活动的参与度;②在向学生提问,要求学生解决问题阶段,尽量选择符合学生最近发展区的一系列化学问题;③在化学教学课堂中,应保证适当的知识信息密度,尽量让全班学生在课堂中都处于正常学习的状态,让学生不会因信息缺失而思维停滞,同时亦不会因信息量过多导致无法接受,让学生在学习阶段始终处于积极思维状态,提升整体学生的有效学习实践。

第二,充分运用初中化学特点

作为化学教师, 开展化学课堂教学必须合理运用初中化学学科的特点实现有效的课堂时间管理,最大化避免因课堂时间安排不当浪费时间。站在初中化学学科角度分析, 合理运用化学同社会、学生生活的关联,充分利用化学实验的直观性、化学知识的实用性开展化学课堂教学,不仅可有效促进课堂气氛,提高学生对于化学知识的热情与学习能动性,同时可有效帮助学生深度理解化学科学。在教学阶段需高度注意避免分散学生的注意力或是诱发一系列课堂问题降低教学效率,对于来自学生生活、社会中的问题,应选择同初中化学关联度、初中学生关联度都较高且学生印象较为深刻的问题，不可单凭教师自身的经验选择一些脱离学生实际环境或是超出学生能力的问题。实验方面，教师在课堂上开展试验演示之前，需要让学生明白如何正确观察试验以及每一个试验的观察要点，学生动手开展试验活动阶段，则要求学生在充分熟知试验各项要求后方可进行。学生试验阶段，教师需要全面观察学生开展试验的具体进展，针对试验中发生的问题予以学生及时的指导、解决，特别是要注意试验阶段课堂的安全性、纪律性，避免试验因各种问题中断导致课堂实践浪费的问题。

第三，学生主体性体现阶段

在新课程理念下体现学生主体性问题阶段，教师需要注意不得失去对课堂的控制性，即在化学课堂上充分发挥学生主体性过程中，教师需要通过充分、及时的交流来充分了解学生在课堂学习中的具体情况，同时以此为依据充分发挥出教师的主导作用，开展有效的课堂管理，使化学课堂教学良性发展。对于初中化学课堂的控制，目前教师们常用的方法是始终保持化学课堂教学节奏，特别是在课堂上的问题得到解决之后，实际上并不能让全体学生都充分掌握本节课的化学知识，在后续的课堂教学中，教育需要组织、引导学生不断对知识加以运用，并且运用过程中所提出的问题既要有一定的梯度，又需要保证一定的重复，通过这种教学节奏可以让学生较长时间地保持积极思考状态。

（3）开展层次性教学

开展中学化学教学，提升学生有效学习时间目标的实现，需要化学教师开展有层次的教学工作，在教学阶段教师不仅要给学困生进行合理、适当的指导，且在指导不同层次学生的阶段也需要合理对他们在课堂中积极参与活动的表现予以肯定，而针对能力较强的学生，可适当加深问题难度，如此不仅可以调动学生的积极性，同时亦帮助各层次学生有效解决学习中遇到的问题，并使其主动开展有效的学习。课堂提问阶段，应对不同层次的学生提出与其能力相当、具有合理难度的问题，让学生在解决化学问题的过程中逐步加深对知识的理解与应用能力。此外，化学教师可适当开展小组学习模式，利用班级中学优生自身的技能、知识来带动、帮助学困生开展学习，在小组学习模式下同时提升学优生、学困生对于化学知识的了解,促进不同层次学生进入更深一层次的问题思考中。

(4)讲究问题处理时机与方式

开展中学化学教学,课堂上遇到问题是不可避免的现象,而课堂问题的出现阻碍了教学有效时间的充分发挥,教师在解决课堂问题阶段,其关键在于防治课堂问题发生以及问题扩大,其目的在于为学生营造出适合学习的课堂气氛,让全体学生愿意主动学习。为实现课堂时间良好管理,处理化学课堂问题阶段应注意如下要点:①合理加强师生感情交流,改善教师与学生的关系,使学生加深对教师的信任程度,良好的情感交流是有效阻止课堂问题出现及扩大的手段;②及时处理课堂问题,要保证及时性和适当性,但及时并非立即处理,针对不同问题不仅需要采用不同的处理方式,同时也要讲究问题处理的时机,除一些必须立即处理的课堂问题外,多数问题都不要立即进行处理以免消耗课堂有效时间,同时要有效避免破坏已经营造好的课堂气氛,影响正常化学课堂教学。在市场经济视角下,时间就是金钱,在教育产业中,时间则代表着知识、能力、学生综合素质的提升,教师提升效率观和时间观,高度重视课堂时间的有效管理、合理分配,才能够实现高效化学教学。

6.教学设计原则

设计中学化学教学阶段,要结合中学化学科目与中学生实际特点,遵循如下五大原则:

(1)系统性原则

开展中学化学教学设计,需要将教学的目标、成分、构成看作一个有机的整体,充分考虑教师、学生、教材以及一切对达成教学目标有益的内容,在统筹考虑下实现教学最优规划。

(2)精细性原则

教学设计规划阶段必须高度强调细节问题,运用系统化的程序高度重视具体教学内容细节,才可设计出有效的化学教学。

（3）全面性原则

全面性原则包含两个要点，第一是设计的一切都要以让学生获得令人满意的成就水平为目的，第二是确保每一个学生都全面发展，既包括技能、知识、策略发展，同时包含兴趣、情感、人格、动机发展，同时涵盖智力与非智力发展，既要让学生学会化学知识，又要让学生学会如何学习。

（4）层次性原则

化学教学设计应力求满足不同层次的学生，即同时满足学优生和学困生的学习需求。

（5）实践性原则

第一是学生学习的知识必须能够学有所用，教师应积极开展各项活动，引导学生将化学知识与实际生活、生产关联，第二是设计的教学应可以有效促进学生思维发展和实践能力、创新能力的提升，让学生可以独立分析并具备创造性的方式解决学习过程中遇到的化学问题。

第三节　教学设计形式

俗话说，"施教之功，贵在得法"。大量教师经过教学经验汇总并用实践经验告诉我们，对中学生开展化学教学，选择合理的方式极大程度决定着教学的成败，而在大量优秀化学教师教学经验之下，可总结出目前中学化学教学中流行的教学方式可细化为自学式、导读式、讲授式、实践式、交流式、讨论式、巩固式与德育式八种形式。

1.自学式教学形式

所谓自学式教学，即让学生自行开展教材学习，实现对化学教材内容的初步概括与了解。教师在进行每一章内容授课之前，提前向学生布置书本预习内容,同时也可将教材内较为容易理解的内容安排给学生进行自学,例如在开展初中化学"氧气的性质和用途"期间,教师可以要求学生利用预习弄清楚如下问题,第一,氧气的主要物理性质是什么?第二,氧气可以有哪些用途?第三,氧气可以和哪些物质发生化学反应等等,再例如开展氧气性质、用途、制法教学之后,让学生利用自身知识进行对照比较,分析氧气同二氧化碳性质、用途、制法的差异性,从而进一步加深学生对知识的记忆程度与理解程度,具体来讲,教师可以将自学作为一个环节要求来培养中学生的自学能力,继而在教授化学知识过程中并行培养学生的自学能力,消除学生的学习惰性,养成自觉学习、自觉看书的习惯。

2.导读式教学形式

所谓导读式教学,即教师在教学中致力于导,学生循导学读,开展双向信息交流,第一,导读式教学能让学生学会正确的读书方法,在读书过程中进行理解性思考以及对知识的类比概括,第二是让学生在阅读过程中,针对遇到的问题进行深度思考,教师予以提示。例如对教材绪言部分,教师就可以运用导读形式开展教学,先提示学生序言章节主要阐述了五个内容,故整个序言只要用五句话就可以总结概括出来, 一是利用列举日常生活中的见闻,有效阐明化学研究对象与具体内容,二是利用四个演示实验可以引出物质的两种变化形式,即化学变化和物理变化,三是说明物质具备两种性质,即化学性质和物理性质,四是介绍如何才能够学好化学学科,五是充分阐明学习化学的具体作用和意义,如此便可十分清晰地让学生了解课程内容,进而在学生头脑中十分容易再现本节课程的主要内容。中学化学教学重要运用导读教学,能够有意识地培养学生的阅读能力、总结能力、概括能力和自学能力,也可对教材的内容加以分化,减轻学生学习化学课程的心理负担,同时十分利于让学生在学习阶段找到知识之间存在的本质性区别和内在性联系。

3.讲授式教学形式

讲授式教学形式是在新课程下以课表要求为依据,化学教师有目的、且有计划地利用课堂讲授以及课堂示范的形式向学生传授化学教材,讲授是教学过程中的必要形式,教师在运用节点以化学教材作为依据向学生进行"三基三点"的辅导,所谓"三基",即基本原理、基本概念和基本技能,"三点"则是课程的重点、难点、疑点。例如教师开展"氧气的性质和作用"课程期间,氧气的物理性质、化学性质、氧气的工业制法和实验室制法即"三基",在清晰讲述"三基"的同时,要及时对学生提出的疑点进行排除,例如制备氧气阶段为何要加入催化剂,制取氧气使用高锰酸钾阶段为何要堵一小团棉花等。大量优秀教师实践证明,开展中学化学教学,讲好"三基三点"是开展教学的根本内容,教师只有把握住教学阶段"三基三点"的主线,同时向学生揭示化学知识概念、理念之间存在的内在联系,加强各个环节的沟通,才可以使学生全面、系统化掌握化学课程。

4.实践式教学形式

实践式教学形式及在开展中学化学教学阶段适时为学生设置实验活动,让学生们亲自动手,通过实验去验证问题或是获取某些结论、内容,明确某些知识的原理。实验是化学课程内不可或缺的环节,作为以实验为基础的学科,化学实验能有效培养学生操作能力、思维分析能力和观察能力,同时也能培养学生实事求是、严谨、认真的科学态度。例如教师在化学课堂上向学生讲授、演示氧气的实验室制取以及化学性质之后,应及时安排实验课程,让学生基于自身学习到的理论知识指导自身开展化学实验制取氧气,这种方式不仅可以加深学生对化学知识的理解深度,也可以极大程度促进学生产生化学学习兴趣。

5.交流式教学形式

所谓交流式教学形式,即教师和学生在化学课堂上开展双向交流,实现化学知识的双向反馈。传统课堂下"满堂灌"的形式,是教师单方面对学生进行知识灌输,而新课程下的交流式教学,则是既要发挥教师的主导作用,又要充分发挥学生的主体地位。在学生上课回答问题的过程中,教师不应限制学生的想象力,要让原本被动学习的学生可以积极开口提问思考,例如在开展中学"氧气实验室制法"阶段,教师可以采取一面讲解一面实验的形式完成教学任务,一边演示启发课堂学生进行积极思考,一边及时发现问题并解决问题,例如在实验产生反应期间,到试管口产生气泡,该阶段可以让学生思考是否可以马上进行收集,如果不是此刻,何时收集为最佳时间,如何在实验中通过氧气的性质决定采用何种收集方法等。化学课堂上采用交流式教学启发,首先可鼓励学生积极参与到课程教学活动当中,积极调动学生学习化学知识的热情,同时可有效培养学生创造性的发展,十分利于学生对知识的消化、吸收。

6.讨论式教学形式

所谓讨论式教学形式,即教师在化学课堂上组织学生开展讨论,主要围绕化学知识的易混点以及学习过程中易产生分歧的化学问题,例如学习氧气的性质与应用阶段,可以组织学生开展实验室制取氧气应用催化剂问题的探讨,第一是分析二氧化锰加和不加,对于氯酸钾放出氧气有哪些不同,第二是二氧化锰具体有什么作用,第三是是否还存在其他物质可以作为反应催化剂,有计划、有目的地组织学生开展讨论,可以提升学生查阅资料、组织材料、语言表达以及总结概括的能力,并且可以有效开阔学生的视野,激发学生对于化学知识的探索,逐渐将学生引入正确的学习方式,为后续化学教学工作乃至学生未来的科学研究奠定扎实基础。

7.巩固式教学形式

巩固式教学形式,即采用各种有效的方法、手段帮助学生对所学的化学知识进行深化、巩固,第一点是每次上课之前,教师都利用几分钟时间简单概括、复习上一节课学习的内容,可以提问,同时也可以复述;第二点是每节课内容讲解之后,教师向学生布置下一节课的思考题,实现化学教学的讲练结合;第三点是教师带领学生完成每一单元化学课程学习后都开展一次小型检测,在运用检测明确学生对于单元知识掌握情况的同时,作为后续开展针对性教学的主要依据;第四点是利用期中考试、期末考试来考评学生学习情况与教师自身的教学质量;第五点是以知识竞赛、知识讲座的形式有效巩固学生因长时间不接触而产生知识混淆、知识遗忘现象。

8.德育式教学形式

在中学生管理上,需要在整个课程教学中贯穿德育教育。作为学校教育的重要组成部门,德育教育可有效教授学生做人的道理,对学生心灵、个人素养、能力、政治思想加以培育,让学生在能力上不断成长、思想上逐步完善,不断提升学生正确的人生观、价值观、科学观。

上述八种教学形式在初中化学教学中十分常见,而化学知识越发体现出系统化、复杂性趋势,因此在设计教学形式阶段综合使用,针对不同的情况使用不同教学方式,同时在教学阶段合理选择入手点,从而实现新课标下素质教育的传播,大力推动社会青少年健康发展。

第七章
新课程理念下初中化学课堂设计目标

新课程理念下开展初中化学教学，其终极目标有三，第一是提升学生的化学科学素养，第二是提倡探究性学习，有效提升学生学习效果，第三是在教学中通过新课程理念让学生善于联系实际，真正做到"学以致用"。

第一节　提升化学科学素养

1.科学素养与科学化学素养

　　所谓科学素养,指一个人可以运用科学原理与方法,去解释工作中、生活中常见的问题,科学素养的重点在于一个人对于科学的态度以及对问题的观察与思考问题的科学性,同时具有强烈的批判精神。而化学科学素养,则是指由一个人认知和处理物质所组成的性质、结构、变化规律乃至抽象同化学相关的事物本质的潜能、悟性,这种潜能和悟性源于个人所具备的化学技能、化学观念、化学思维、化学思想、化学知识、化学能力、化学品质和谐统一而形成,其中涵盖了一个人对于化学的意识、个人创造能力、个人思维品质以及化学语言四大层面。初中化学是人类化学科学启蒙阶段,在初中化学阶段,对于学生化学科学素养的培养尤其重要,传统化学教学模式下,仅仅是教师站在讲台上对学生单方面强调知识以及技能目标,对于学生的科学素养培养处于严重忽视状态,《全日制义务教育化学课程标准》明确提出,开展义务教育阶段,化学课程应当以提升中学生的化学科学素养作为主要目标,教学过程中需要充分激发学生学习化学学科的兴趣,让学生在了解科学探究方法、思维的过程中培养学生对于科学的探究能力,让学生通过化学学习,进一步获取未来学习、发展所需要的化学知识以及化学技能。

2.化学科学素养内涵

　　作为自然科学体系中的一个重要分支科学,化学科学当前的发展有三个趋势,第一是从描述的科学向推理性科学逐渐过渡,第二是从主观式的定性科学逐步向着定量科学发展,第三是从宏观结构的理论逐渐向微观结构理论深入发展。

自 20 世纪 80 年代以来，化学科学进入一个全新的发展时代，依据生物技术、空间技术、信息技术、海洋技术以及新材料、新能源技术的发展，实现了第四次技术革命，现代化学相比传统化学，呈现出了全新的特点与动态，且化学与各个其他领域学科之间的关联也更加的密切，正在迅速融入现代科学技术当中。纵观国内外的化学发展，化学经历了古代、近代、现代三个阶段，古代阶段要追溯至石器时代，原始人发现了火且学会了利用火，这是人类第一次学会运用自然力量，同样也是广泛开展化学反应研究的第一步，火的使用不仅意味着化学序幕的拉开，同时也奠定了化学科学发展的基础。古代化学主要指的是哲学家的理论化学和工匠的实用化学，并最终利用"炼金术"将两种化学统一，到希腊古典时期，柏拉图开始倡导对幼儿与青年开展自然知识教育，随后亚里士多德认为开展教育必须"效法自然"，应该重视知识的练习和实践。

到 14 世纪文艺复兴时期，近代科学的开端源于哥白尼日心说，加之人文主义思潮对化学科学的影响，化学伴随着医学正式进入了学校。到 18 世纪已经提出培养学生的化学研究能力，让学生掌握化学试验操作技术和理论知识。到 19 世纪，化学由 18 世纪的私人师徒制走向了师生制，更多人进入实验室开展试验操作，且学校也越来越重视通过化学教学培养出更多的工业、农业、科技、医疗人才。

19 世纪至 20 世纪上半叶，化学科学正式进入现代化学教育时代，高度注重培养实用性人才，确保人才具有创造力、化学应用研究能力。在现代化学进展下，世界各国纷纷开始关注化学教学，认为对学生开展科学教育的最终目的，就是要提高人的科学素养，而化学科学素养是一种附加学科特点的科学素养，应当由化学科学能力、化学科学知识、化学科学方法、化学科学品质以及化学科学意识五个部分组成。对于学生的化学科学素养发展，化学科学知识、方法隶属于基础内容，化学科学能力是学生自身化学科学素养的核心因素，而化学科学意识则是人文社会同化学二者的关联，是社会公民对于学习化学所要求的内容，化学科学品质隶属于化学科学下的一种非智力因素，只有具备这五项内容,才能保证一个学生真正全面、完整的化学科学素养。

科学社会主义视角下,认为一个青少年的全面发展需要涵盖三个层次,且三个层次相互联系,第一是青少年智力、体力素质全面发展,第二是青少年劳动技能全面发展,第三是青少年道德情感全面发展。目前化学科学已广泛渗透至现代社会各个角落,包括青少年生活、学习、家庭,故科学社会主义认为现代青少年必须具备化学科学素养,从而有效地利用科学手段不断完善自身。

3.中考试题中化学素养要求的体现

目前,我国九年级化学中的科学素养试题编制普遍体现出如下特点:

(1)学生可以熟练使用科学知识

中考在化学知识选取原则方面,会选择一些让学生对认知世界、面向社会以及自身终身学习、发展来讲最具现代化理念特点的化学知识,提出为实现新课程理念下承载大量具体学科知识细节以及大量技能训练因素的化学问题,在考试实际选题阶段,更多试题会设计与学生日常的生活、环境、社会生产以及人文相关的化学知识作为载体,在避免枯燥、单纯学科问题的设问基础上,更符合公众科学素养对于知识选取的要求。总体分析,中考化学命题在新课程理念下更加倾向于选择与学生生活息息相关且更具备实用性化学内容的叙述方式。

(2)学生可运用科学方法解决问题

中考化学试题中的设置,体现出具备科学素养的人可以采用科学的方法去解决生活中的问题,同时做出有效的决策,增进其对世界的了解与认知,也就是课题会体现出科学原理和方法,对科学本质的理解,题目在叙述方面多数会采用切合化学实际研究过程开展描述。用图表的形式进行数据群表述、假设、统计、分析,很好地体现出对科学方法的有效表达,完全符合公众科学素养对于科学本质理解提出的各种要求。很多中考试题都蕴含着科学方法,同时在问题设计方面也会采用更多实际性的问题,或是采用评价性的形式,从而更加有效地体现出科学行为的实践性和科学思维的探究性,课题符合公众科学素养对于社会青年科学能力方面的要求。

(3)学生对科学、技术同社会之间的关联有深度的认知

中考试题中往往会体现出一定的科学素养，并包含技术科学与社会之间的相关性。自身具备科学素养的人，会对世界产生更加主动、更加正面、更加丰富的看法，化学试题往往蕴含着科学探究的知识与兴趣，乃至于化学价值的认识或是合作学习研究的一种精神，符合公众科学素养在科学意识层面和科学品质层面对于现代青少年的要求。试题取材过程中会大量结合生活生产以及身边的现代科学技术，确保学生对于所学的化学知识能够有进一步的兴趣和了解，且起到在一定程度上缓解学生对化学科学的敬畏感，为学生未来的学习提供各种有效理解和有效渗透的基础，也为学生以后遇到类似的情景和对象做好了技术铺垫，学生可运用自身现有的知识，科学的、合理的去解决问题，这就是对学生科学意识的培养。与此同时，课题可以有效地帮助学生理解化学科学对于社会发展、国家发展、自身生活产生的影响和作用。这些影响和作用中有正面的，同样也有负面的，要懂得如何让学生运用化学知识和方法有效促进社会的可持续发展以及和谐发展，懂得如何合理的利用开发化学资源，充分的了解化学、科学的价值，可以帮助学生做出更加正确、合理的决策，同时有效增长学生对于社会和自然发展的责任感。

(4)中考化学试题案例

该题目为 2006 年厦门中考化学试题：

1909 年，哈伯在实验室将氮气和氢气在 600℃、2.02×10^4 kPa 和铁作为催化剂的条件下首次合成 NH_3（氨）。在常温环境下，氨是一种无色有刺激性气味的气体，可以经过下列反应制得生产炸药的原料——硝酸：

A.氨同氧气在铂催化剂以及一定温度下反应生成一氧化氮和水

B.一氧化氮和氧气反应生成二氧化碳

C.二氧化氮和水反应生成硝酸和一氧化氮

工业合成氨的原料来自空气、煤和水，这是一种经济的固氮方法，这一成果生产出的化肥，为农业带来了丰收，同时也获得了代替智利硝石生产炸药的原料。1914 年，第一次世界大战爆发，德国垄断合成氨技术，这项技术可快速生产出氨和硝酸,使得德国的粮食、炸药供应都得到有效保障,这也是促成德皇威廉二世开战的重要因素,为世界人民带来了灾难。

问题 1:

请从以上信息中总结有关于氨的知识:

①氨的物理性质:＿＿＿＿＿＿＿＿＿＿＿＿＿＿＿＿＿＿＿＿＿；

②氨的化学性质:＿＿＿＿＿＿＿＿＿＿＿＿＿＿＿＿＿＿＿＿＿；

③氨的制法(化学方程式):＿＿＿＿＿＿＿＿＿＿＿＿＿＿＿＿＿；

④氨的用途:＿＿＿＿＿＿＿＿＿＿＿＿＿＿＿＿＿＿＿＿＿＿＿；

问题 2:

根据氨生产硝酸的三个反应回答下列问题:

①B 反应的反应类型是:＿＿＿＿＿＿＿＿＿＿＿＿＿＿＿＿＿＿；

②对于 C 反应中的一氧化氮尾气,你认为最好的处理方法是:

＿＿＿＿＿＿＿＿＿＿＿＿＿＿＿＿＿＿＿＿＿＿＿＿；

③你认为合成氨中氢元素主要来自原料中的:

＿＿＿＿＿＿＿＿＿＿＿＿＿＿＿＿＿＿＿＿＿＿＿＿；

④从合成氨技术给人类带来的好处与灾难,有同学提出如下看法:"化学新技术给人类进步带来了贡献,也带来了灾难,可见发明化学新技术对人类并没有实际的意义",你是否同意这种看法？请谈一谈你的观点:

＿＿＿＿＿＿＿＿＿＿＿＿＿＿＿＿＿＿＿＿＿＿＿＿＿＿＿＿＿＿＿

题目解析:本次课题作为信息题,首先第一点考查了学生自身具备的重要科学素养内容,也就是信息素养,与此同时该题目设置的问题是立足于科学素养对于过程方法的培养要求；第二点是验证学生用科学的方法去解决问题,同时做出理智正确的决策,增加人对世界的了解和认知,在全新的情景中从化学学科的角度研究一种全新的制取氨的方法；第三点是课题分别从化学性质、物理性质、用途等方面研究全新的物质,同时解决了在生产过程中如何处理尾气的问题(应用尾气处理的原则——回收再利用),回收一氧化氮后提供充足的氧气,生成二氧化氮被水吸收,同时不断循环氧化。

与此同时,这一课题以合成氨的内容作为情景,高度关注了学生对于技术、科学与社会之间关系的完整认知,落实了科学、技术与社会之间的关系,同时具备科学素养的人对于世界会产生更加丰富、更加主动、更加正面的看法,合成氨技术会给人类带来的贡献是十分显而易见的,而它的灾难正是人类无法积极应用物质而产生的恶果,化学家发明炸药应该更多应用在开矿、修建铁路道路等方面。

本题的正确答案为:

问题 1 答案:

①常温之下,无色有刺激性气味的气体;

②氨和氧气,在铂催化剂与一定温度下反应生成一氧化氮和水;

③$N_2+3H_2 \underset{\text{高温高压}}{\overset{\text{催化剂}}{\rightleftharpoons}} 2NH_3$

④制取化肥与炸药;

问题 2 答案:

①化合反应或是氧化反应;

②将尾气返回至 B 步骤继续反应;

③水

④不同意,人类只要对技术进行正确的使用,就可以为人类的发展做出有效的贡献,例如炸药可以用来开山造路。

通过上述试题可以发现,当前中考化学试题是将科学素养教育作为新课程改革的重点,充分体现出了科学素养是现代化教育的核心内容。因此,作为化学教师,在开展中学化学教育阶段需要全方位渗透新课程下的科学素养核心。

第二节　提倡探究性学习

新课程理念下开展初中化学课堂设计,目的是有效提倡探究性学习。科学探究是现代社会中非常重要的一种学习方式,同时也是新课程理念下义务教育化学课程的主要内容,开展探究性学习,通过探究活动实现化学教学,对于提升学生自身的化学科学素养有着不可取代的功效。人拥有永恒的好奇心和求知欲,这是两种人类不可改变的特性,开展中学化学探究性学习是充分抓住学生求知欲与好奇心的特点,利用这一心理特征引导学生认识变化本质、探求知识的内涵。开展课堂教学阶段,中学化学教师不仅要利用已有的探究环节对学生进行指导,同时还应充分挖掘问题情境,自行开展多样的问题情境设计,让科学探究最大化渗透在每一节中学化学课,乃至每一个知识点当中,引领学生发现问题、提出问题、解决问题。科学探究能够最大限度调动中学生学习科学的能动性、积极性、创造性、自觉性,将原本"要我学"转变为"我要学",为学生扩展出更大的发展空间,最大限度去满足学生在学习化学阶段的需要,并通过有效的探究性学习,一定程度促进学生良好个性的养成与潜能开发、智力开发。

著名化学家傅鹰先生曾经表示,化学是实验的科学,只有实验才是化学科学的"最高法庭"。只有更多地为学生创造主动接触实验、体验实验、探究实验的机会,才能够在知识的形成、应用、联系中养成学生良好的科学态度,在"做科学"的探究实践过程中一步一步形成学生终身学习的一种能力和意识,让实验事实说话,从而使学生对于化学知识的内涵、本质、内在联系具有更深刻的认识。在新课程理念下,教师不仅要关注化学课本上所提及的实验、讨论和探究,在分析课本的同时,还应为学生积极设计更加生动、有趣、同生活实际关联的探究试验,将难以理解、抽象化、过于理性的知识直观化、感性化,探究性学习模式下,例如教师带领学生学习软水、硬水的知识点时,为了能够更加显性地展示出化学现象,教师可以在硬水中使用肥皂洗衣服,展示衣服发僵的现象。在学习二氧化碳温室效应相关知识阶段,教师可以使用三个等大钟罩开展对比试验,在前两个钟罩中充入等量二氧化碳,第一个钟罩中事先置放一盆绿叶小草,第三个钟罩内只有空气,将三个温度计分别置放在三个钟罩内,让学生去观察钟罩内温度的具体变化。在学生多次实验探究中,会发现第二个钟罩温度的变化幅度相比第三个钟罩幅度更大,第一个钟罩内的温度实现从低到高,又从高到低的波动。抑或在向学生解释木炭吸附有色有味物质属于物理变化时,可以增设已经吸入红棕色的二氧化氮气体的木炭,连通广口瓶并置放在热水中,当热水逐步加热到一定程度时,让学生观察木炭的变化,通过学生的探究会发现木炭冒出红棕色的烟,那么这个教学难点就得到了良好的解决。

开展中学化学教学,需要在探究学习的过程中让学生实现我听到了、我知道了、我看到了、我记住了、我做到了、我理解了。在一次次实验探究学习过程中,学生会掌握新的知识,不断提升自己理解问题的能力,不仅可以培养出学生提出假设、利用实验验证、对试验结果进行分析论证以及实验对比分析的能力,同时具备较强的归纳总结能力,在一次又一次的实验探究学习中让学生逐步将感性的认知提升到理性认知层面,将相对模糊的知识通过探究学习梳理成十分清晰的知识框架,有计划、有步骤培养学生探究学习能力的同时,真正让学生了解到学习科学的方法,达到养成科学态度的教学目的。

第三节 注重联系实际

新课程下的化学课堂设计,应在开展中学化学教学阶段,实现让学生将课堂所学的知识联系到实际的生活当中。

联系生活可以说是培养学生科学素养的源泉，在化学服务于生活的同时，化学亦来源于生活。因此，开展中学化学教学，在学生、教师的生活中挖掘素材并运用到学生认识化学同生活的关系中，是有效引导学生对课堂上所学的化学知识活学活用、培养学生热爱化学科学、逐步形成良好化学科学素养的重要源泉。例如化学教师基于新课程理念为学生讲授"自然界的水"课程阶段，需要提前安排学生挖掘生活中水的存在、水的用途、水的危害、水的污染、水的防治以及水资源危机等，让学生们在正式课堂上可以各抒己见，此刻化学教师会发现，学生的想象力是无穷无尽的，除了联想到生活中的自来水、矿泉水、湖水、海水之外，甚至会想到存在于中华五千年文化中的"水"，如"清明时节雨纷纷""春来江水绿如蓝"，也可能发掘出存在于艺术中的水，如冰雕，水上芭蕾等等，此刻化学教师应当在学生联想的基础上，为学生指出更多的方向，充分调动起化学课堂上学生的激情，也可以用交流、展示的形式将化学知识进行关联，深度挖掘水对于生活的影响。爱因斯坦说过："兴趣是最好的老师"，将课堂知识同生活加以关联，充分激发学生的兴趣，例如带领学生探秘金刚石在玻璃刀上的作用，在项链上作为装饰的作用，或是探究平时书写画画使用的铅笔芯，然后学生亲自动手让其成为变阻器，联系生活，可以有效地发现化学知识神秘的一面，利用能够运用的事例将化学知识的具体用途、具体性质、结构直观地展示给学生。

化学的资源是无限的，生活中的资源却是有限的，倘若无法使用生活中的资源对化学知识进行解释，那么使用图片情境来阐述化学知识也是有效的方式。例如在向学生讲授酸雨带来的危害时，生活中的事例无法直观地将酸雨的危害加以展示，此时教师就可以向学生展示精美石头雕塑被酸雨腐蚀的图片，同时用烟囱、汽车尾气的图片向学生讲解酸雨是如何产生的。在例如讲授水危机期间，教师可以通过向学生展示罗布泊消失造成楼兰古国消失于版图之中的图片，在让学生充分感到震撼的同时，运用场景引导，使学生能够生动感应到化学在生活中是无处不在的，同时这种方式也是潜意识地将学习物质的结构、组成、性质、变化规律、具体应用加以关联，这种教学效果远远胜于传统的枯燥教学，可以极大程度调动学生主动去探究化学在生活中的应用,学生也会在潜移默化中逐步形成结合实际分析问题、解决问题的能力。

总体分析,开展中学化学课堂设计,高度强调让学生从自己熟悉的生活情境中去挖掘、关联化学知识,感受到化学知识的重要性并了解化学知识同生活关联的密切性,从自身已有经验为入手点逐渐学会独立分析、独立解决同化学相关的一系列实际问题,通过这种学以致用的方式,既锻炼了学生对问题分析的能力和表达的能力，又有效提升学生对于化学科学的整体认知水平,为培养学生科学化学素养提供必要补充。

第八章
新课程理念下初中化学课堂案例

　　为更加生动、具体地体现出新课程理念下如何开展初中化学课堂设计,本书以"铁的性质""二氧化碳的性质""酸碱盐复习课""一氧化碳"为例,探究这些优秀教师是如何在新课程理念下实现初中化学课堂设计的。

第一节 "铁的性质"教学案例

1.课前对新课程理念的渗透

开展课堂教学前，作为化学教师首先需要充分考虑中学化学教学需要遵循的原则，第一是系统性原则，将课程教学的目标、成分、构成看作完整的有机整体；第二是精细型原则，教学过程中需要精确问题细节，重视教学内容的细节；第三是全面性原则，以让所有学生达到令人满意的水平为目标，确保每一个学生都得到全面发展；第四是层次性原则，不同教学阶段需要顾及不同层次的学生；第五是实践性原则，"铁的性质"课程讲解阶段需要充分让学生认知到课程内容同实际生活的关联性，同时在课堂中合理运用八种教学情境，以提升学生的化学科学素养。

角色方面，教师遵循新课程理念下的教师角色原则，站在学习督促者、知识传授者、校本课程建设者以及课程改革研究者的角度开展化学教学工作。

2.课堂教学步骤

(1)确立教学目标与知识目标

①知识目标

目标1：通过学习"铁的性质"以及了解铁的用途，让学生充分认识到铁和人类生活乃至社会发展之间的密切关联；

目标2：了解纯铁的物理性质，深度明确铁的用途在很大程度上决定着铁的性质；

目标3：通过教学让学生掌握铁的化学性质，即铁与盐酸、铁与氧气、铁与稀硫酸以及铁与硫酸铜溶液等，通过对铁的化学性质的学习让学生深度

了解金属活动性存在的差异,同时可将知识应用于置换反应,并做出准确的判断;

目标4:让学生通过学习"铁的性质",了解锈蚀的条件以及通过哪些方法防止铁的生锈现象,最终认识到铁资源保护对于社会发展、人类发展的重要性。

②学生能力目标

目标1:通过"铁的性质"实验教学,培养中学生的观察能力、分析总结能力、归纳比较能力;

目标2:通过新旧知识的关联,有效培养学生知识迁移以及自身的扩展能力;

目标3:通过围绕铁的性质的探究活动有效培养学生查阅资料能力、分析归纳能力、研究问题能力;

③情感目标

目标1:通过教师介绍炼铁历史,培养学生高尚的爱国主义情怀;

目标2:通过性质决定用途的讲授,有效激发学生灵活运用化学知识造福社会、造福人类的热情。

③教学难点

本次"铁的性质"化学课难点在于对铁的锈蚀条件以及防火措施的研究,同时对铁的化学性质比较活泼进行深度理解。

(2)"铁的性质"教学重点

本节课程主要内容是引导学生开展"铁的性质"研究,化学教材章节前言中介绍了钢铁的简史和用途,并以设问的形式提出铁有哪些性质,该部分教学,应当在课前布置好探究课题(校本课题)"铁的发现、存在、用途和冶炼简史",如此可以让学生对于铁有更加深刻的认知,而对于铁的性质问题的提出就会更加自然。

讲解铁生锈阶段,铁的化学性质是教材的重点内容,初中化学教材将其划分为三个要点:铁与氧气、铁与酸、铁与盐溶液,在讲述铁与氧气的反应阶段,可以让学生在课前对曾经学习过的"氧气与铁的反应"进行巩固复习,并独立思考、讨论铁生锈的原理以及防止铁生锈的方法,将铁生锈条件实验作为家庭探究活动在课程一周之前安排给学生。

开展铁与酸反应教学阶段,可以通过让学生在课前复习氢气制法以及原理,从而可以自行引出多种不同的金属同酸之间的反应,例如锌、镁、铁与稀硫酸的反应等,同时亦可加入铜和酸的反应让学生自行进行对比,从而让学生充分认知铁是一种中等活泼金属,同时在"铁的性质"授课阶段,还需要提醒学生注意铁同稀硫酸反应阶段会生成+2 价的亚铁,当铁的氧化物同酸产生反应期间会生成+3 价的铁。

对于铁的变价教学方面,教师可以进一步深化教学,在铁与氧气的反应教学中向学生指出铁和氧气反应的产物是四氧化三铁,铁锈是三氧化二铁。

(3)教学方案设计

①课前教师查阅资料,开展"铁的发现""铁的存在""铁的冶炼简史"以及"铁的用途"课题研究工作,引领学生深度思考为什么铁会有这么多的用途;随后在课前安排学生通过资料阅读、社会调查的形式了解我国钢铁产业的发展现状。

②铁的性质教学

教师将教科书上的演示实验加以改进,设计一组铁生锈的实验,以分析铁在何种条件下会生锈、如何有效防治钢铁生锈为研究目的,将教材上演示实验中使用加热试管开展实验改变为在封闭容器中加入适量的干燥剂,同时亦可开展一个生锈实验,引导学生去思考"一个一半浸在水中的铁锭,哪个部分的锈斑出现的最为明显,为什么会这样",通过总结、分析得出铁生锈的具体原理和防锈的方法。随后让学生展示课前通过资料查阅、调查获取的日常生活中防治铁生锈的具体办法,让学生汇报课前查阅的成果,同时引导学生思考,为什么铁会有这么多的用途? 为什么日常生活中使用的锤子、菜刀、斧子都选择用铁材料进行制造而并非铝材料。此刻,向学生播放图片、视频,让学生以小组的形式开展讨论。

当学生完成讨论,依次回答问题后,教师公布铁与铝的化学性质表,并讲解锤子、菜刀、斧子都是使用铁制作的工具,之所以不选用铝,是因为铁的硬度远远大于铝,这也是铁具备诸多用途的主要原因。此刻可以引导学生探究新的问题,如为什么不使用铬制造工具等,提醒学生在考虑采用何种材料制作工具阶段不可以将性质看作唯一的决定性因素,同时还需要考虑原材料的资料、价格、美观程度、是否足够便利、是否易于回收等,并充分考虑铁对自然环境的影响。

③铁具体有哪些性质

该课程的内容包括讲解铁的物理性质和化学性质,其中物理性质选择采用板书的教学形式。铁是人们生活中最常见的金属,具备很多金属都具有的物理性质,例如导热、导电、常温下为固体等,同时向学生讲述铁具有自己的独特性质,而人们生活中所见到的铁并非纯铁(此刻向学生展示纯铁图片),随后向学生介绍纯铁的基本特征,及具有白色金属光泽、质软、具备良好延展性,每立方厘米密度 7.86 克,沸点 2750℃,熔点 1535℃。作为电与热的良导体,铁的用途不仅同自身具备的物理性质有关,同时关联铁自身的化学性质,为什么铁会生锈,为什么铁制器皿不能够盛放酸溶液?

讲解铁的化学性质阶段,主要以视频、录像方式向学生展示,在课堂上播放时间在 2 分钟以内的视频,并对课前实验开展讨论。基于讨论结果总结铁在什么条件下最容易生锈,通过什么手段可以防止铁生锈,同时让学生举出自身生活中积累的预防铁生锈的经验,并分析这些方法的原理,最终引导学生以探究式学习的方式得出:铁的生锈现象是因为铁和氧气、水等物质发生了复杂的化学反应,如果铁制品不及时除锈,那么铁的生锈速度会加快,其原理在于铁锈十分疏松,极易因吸水加快生锈的速度。

关于防止生锈的方法,教师首先让学生总结出日常常见防止铁制品生锈的方法,随后通过播放视频,让学生充分了解到铁锈的主要成分是什么(氧化铁 Fe_2O_3),并通过曾经学习的氧气化学性质,让学生联想氧气瓶中点燃铁会发生剧烈的化学反应,生成四氧化三铁,而氧化铁和四氧化三铁,其铁元素的化合价有所不同,三氧化二铁中显+3 价,而四氧化三铁中显+2 价、+3 价,同时引导学生思考,为何同一元素在不同的多个物质当中会展现出不同的化合价?

③铁的化学性质比较活泼

开展核外电子排布知识学习期间，学生们已经知道元素的化学性质和元素的原子核最外层电子排布有着密切的关系，分析铁原子的核外电子排布，铁是 26 号元素，最外层有两个处于不稳定状态的电子，极易同氧化剂作用失去电子，当与弱氧化剂发生作用阶段，铁失去最外层的两个电子，显+2 价，当同强氧化剂作用阶段，铁还会失去次外层的 1 个电子，显+3 价。那么，如何理解铁是一种化学性质活跃的金属？此处可以板书开展教学，引导学生回忆铁和氧气的化学反应，从而得出氧气可以同金属发生反应，例如镁和铁，随后引导学生探究镁、铁两种金属同氧气的反应有何不同，此刻，向学生播放镁在空气中燃烧、铁在氧气中燃烧的视频，让学生自己观察反应的具体现象并进行描述：

$3Fe + 2O_2 \xrightarrow{\text{点燃}} Fe_3O_4$（火星四溅、放热状态，并生成黑色的固体）

$2Mg + O_2 \xrightarrow{\text{点燃}} 2MgO$（燃烧产生耀眼的强光，放热状态，并生成白色的固体）

完成播放后让学生以小组形式讨论，并对讨论结果做出总结，引导学生通过探究最终得出结论：镁和氧气更容易发生反应。

完成课程讲解后，教师可以让学生带着疑问离开课堂，以及回忆过去所学的化学知识，金属除了能够同氧气发生反应之外，还能够同哪些物质发生反应？

(4)实验教学活动

组织学生开展铁与硫酸铜溶液的反应实验活动，让学生在实验中观察现象并给予学生亲手实验的机会：

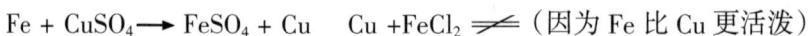

$Fe + CuSO_4 \longrightarrow FeSO_4 + Cu$　　$Cu + FeCl_2 \not\longrightarrow$（因为 Fe 比 Cu 更活泼）

问题 1：铜为什么不能置换铁？

让学生通过试验观察，总结出铁之所以置换出铜，因为铁的化学性质比铜更活泼，置换反应的发生条件，只能是化学性质活泼的单质置换出不活泼的单质，反之则无法实现置换。

通过铁和氧气、铁和酸、铁和硫酸铜溶液反应所表现出的金属性质，让学生知道铁的化学性质相比镁、锌要弱,但是比铜活泼,同时了解到金属的活动性有顺序。随后播放动画演示,在了解金属的活动性后,让学生充分了解到铁的性质是如何指导现实中实际的生活、生产,如何充分发挥铁的性质有利的一面,又如何避免铁的性质不利的一面。

最后,引导学生开展探究活动,首先通过本堂课"铁的性质"教学,结合学生自身查阅的资料以及对防锈方法的研究,让学生在课后撰写一篇科学小论文,同时为了让学生带着问题离开课堂,为学生布置家庭作业,开展家庭小实验,分析掉瓷的搪瓷缸子能否盛放胆矾溶液?如果能是什么原因?不能又是什么原因?

(5)课后反思

完成对学生"铁的性质"教学过后,反思通过这次教学是否实现了最初制定的教学目标,是否让学生深度了解了铁的用途,认识到铁和人类生活乃至社会发展之间的密切关联,同时在学习后,学生深度了解纯铁的物理性质,深度明确铁的用途在很大程度上决定着铁的性质,掌握铁的化学性质,即铁与盐酸、铁与氧气,铁与稀硫酸以及铁与硫酸铜溶液等,通过铁的化学性质学习让学生深度了解金属活动性存在的差异,同时可将知识应用于对置换反应做出准确的判断。学生通过学习,其观察能力、知识迁移以及查阅资料能力、分析归纳能力、研究问题能力是否得到了有效的提升。同时反思自身开展的教学行为,是否符合新课程理念提出的要求,是否体现出新课程理念课堂下的生活化、个性化、人性化、兴趣化特点,在后续的教学工作中有哪些需要改进的地方,如何可以更加深入的落实新课程理念,让内容更加倾向时代性,在使教学内容更加实用的同时,确保教学设计更加利于学生主动思考。

3.对时间的分配

开展课堂教学阶段,应以讲授式教学形式为主,配合交流式、巩固式等八种形式的融合,以培养学生科学化学素养作为主要目标,在充分运用探究式学习、注重联系实际的同时,有效开展课堂的时间分配。上文研究中提出要最大化发挥课堂的有效时间,而在进行板书讲解、播放视频课件以及实验活动教学阶段,学生会提出关于"铁的性质"的各种各样的问题,如学生可能提问"如果因为铁的硬度大于铝,所以选择铁作为菜刀、锤子的制作原材料,那为什么不选择铬作为金属工具的原料?",也可能提出"老师,铁和铬二者谁的化学性质较活泼"等等,而为了保证上课的有效时间,化学教师没有必要在课堂上解决所有的问题,关于深究原理方面,教师可用纸笔进行记录,到课后再对学生进行单独作答。

同时,课堂前 15 分钟为关键时间,讲课阶段应将关键问题放在关键时间中,即在导入情节阶段直接提出课题的主要问题,以主要问题作为入手点引导学生开展"铁的性质"教学,同时导课内容要确保在 5 分钟之内完成。

4.层次性教学

新课程理念下要求开展层次性教学,将有效的教学辐射到每一名学生身上,因此,在课前需要充分明确每一个学生的特点,即哪些学生具备较好的学习基础,哪些学生基础较差,并明确不同学生的理解能力、学习能力、探究能力与对知识的接受能力,对能力层次不同的学生,在课堂提出同其能力相当的问题,同时在课后阶段抽时间单独对能力较差的学生加以辅导,或将能力较差的学生安排在能力较强学生的小组中,让学优生利用自身的能力、技能、知识带动学困生,每一名学生完成实验、回答问题后,不论实验的成果或问题的结果如何,都要对学生予以表扬和鼓励。

通过上述"铁的性质"课程案例,可以发现本堂课程案例,在新课程理念下以提升学生化学科学素养为目标,充分运用了探究性学习,同时将铁的性质与生活中的情境有效关联。在教学构成中,教师改变了传统课程理念下教师居高临下的角色,充分贯彻学习督促者、知识传授者、校本课程建设者的职责,不再单纯地以单一灌输的形式向学生传授知识,更多地引导学生去探究知识、挖掘知识,为学生提供亲自动手实验的机会,对多媒体教材的应用以扩展思维、发挥想象力,充分体现出主体性、创新性、开放性,同时对学生的表扬、鼓励亦实现了激励性原则。

第二节 "二氧化碳的性质"教学案例

1.课堂教学步骤

(1)确立教学目标与知识目标

①知识目标

目标1:通过教学让学生掌握二氧化碳的有关性质;

目标2:通过教学让学生了解二氧化碳的有关用途。

②学生能力目标

目标1:可以运用教学中所学习的二氧化碳内容解决生活中的实际问题;

目标2:初步培养学生探究学习的方法和程序;

目标3:通过二氧化碳性质、用途等内容的学习,让中学生深度体会获取知识的过程,并学会科学探究的方法,培养新课程理念下学生的化学科学素养,同时基于相互交流、探究式的学习,让学生对化学科学产生浓厚的研究兴趣,进而产生学习的强烈愿望。

③情感目标

目标1:通过开展二氧化碳的性质探究活动,培养学生对待科学正确的态度;

目标2:通过教学让学生了解到化学就在自己身边,生活处处有化学,从而有效培养学生的社会责任感;

(2)"二氧化碳的性质"教学重点

本次开展"二氧化碳的性质"教学,重点在于让学生深度掌握二氧化碳的化学性质,而教学难点在于让学生充分了解二氧化碳与水的反应。

(3)**教学方案设计**

①课前教师查阅资料,开展"二氧化碳的性质""二氧化碳的用途"课题研究工作,引领学生深度思考生活中哪些地方会用到二氧化碳。

②二氧化碳的性质教学

首先是创设情境,教师走到学生面前,向学生展示一瓶可乐,询问学生可乐中是否有气体,如果有,会是什么气体,随后在板书上展示本次的课题:二氧化碳的性质。之后引出问题,本次课程研究可乐中的二氧化碳气体,若想开展研究,首先需要将二氧化碳取出,此刻引导学生探究如何将可乐瓶中的二氧化碳取出,置放到集气瓶当中,并引导学生做出分析,应当使用什么方式来证明可乐中的气体就是二氧化碳。

学生完成回答后,教师开展演示实验,将二氧化碳取出置放在集气瓶中,随后选取多名学生上台开展试验。在学生上台后,首先向瓶内倒入澄清的石灰水,此刻观察阶段会发现石灰水变得浑浊,充分证明瓶内的气体确实是二氧化碳,随后教师再次引导学生根据刚刚的结果,探究二氧化碳有哪些性质? 同时将学生的答案依次列举在板书上。开展这种课堂设计形式,首先要利用学生生活中可以接触到的物品来引入全新的课题,可有效集中学生的注意力,充分调动学生的思维,随后利用趣味实验的形式进一步引导学生分析如何有效取出气体,充分调动学生的探究精神,激发学生探究的热情,并依据学生自身已经具备的经验来引入全新的课题,充分符合中学生的心理认知过程,使学生接触新的知识更加的自然。

通过上述研究后,整理板书,在黑板上书写二氧化碳的性质,即二氧化碳的物理性质为无色、无味气体,可以溶于水,比空气密度更大。二氧化碳的化学性质为不支持燃烧、无法燃烧,不可供给呼吸,二氧化碳可溶于水,同时与水发生反应,二氧化碳可以让澄清的石灰水变得浑浊。

(4)**实验教学活动**

带领学生开展二氧化碳性质的探究活动,分别开展二氧化碳密度的探究实验、二氧化碳能否溶于水的探究实验、二氧化碳溶于水后的化学反应实验、二氧化碳气体检验试验。

①二氧化碳密度实验

首先教师提出问题,二氧化碳的密度和空气相比是大还是小,以引导的形式让学生们进行猜想,随后播放动画让学生开展分析,并继续提问,如何通过实验来证明二氧化碳的密度比空气更大?此刻教师讲解实验具体步骤,让学生来到讲台开展实验,向装有一高一低两个点燃蜡烛的烧杯当中倾倒二氧化碳,让学生观察蜡烛的变化,学生完成实验后,向全班学生播放灯火实验动画,最终引导学生通过实验和动画得出结果,即二氧化碳的密度比空气更大,不可以燃烧,同时也不支持燃烧,同时让同学们总结出实验现象,二氧化碳可以起到灭火的功效。

该实验设计意图在于首先让学生感受科学探究的一般过程,先进行猜想,再进行假设,由此开展实验,通过实验观察进而得出结论,同时培养学生的观察能力、表达能力、动手操作能力,运用多媒体课件来拓展学生的科学视野。

②二氧化碳能否溶于水实验

首先教师提出问题,有些同学说二氧化碳可以溶于水,问问同学们是怎么知道这个原理的,能否通过自行开展实验来证明二氧化碳可以溶于水?

随后让学生开展分组讨论交流5分钟,让其发表自己的观点并开展实验设计工作,5分钟结束讨论后安排每组代表上讲台演示自己设计的实验,并画出草图,讲解实验的原理,不论对错,教师都予以表扬和鼓励。

开展学生动手实验环节,在教师指导下让学生快速向装有二氧化碳的瓶子中倒入同体积的水,随后迅速拧紧瓶盖,不断震荡,观察瓶内的现象,分析现象的原因并得出结论,在此过程中,教师需要在学生群体中进行巡视与观察,在充分了解学生实验的情况下,同时予以合理、适当的指导,针对实验失败的同学,教师可统一收集情况,统一做出失败原因的分析,最终通过学生对实验的观察得出结果,即二氧化碳可以溶于水,且1体积水能溶解1体积的二氧化碳。

通过对二氧化碳能否溶于水的实验探究,能有效培养学生实验操作能力和科学探究的精神,同时培养学生与他人的合作交流能力,为每一名学生提供展示自我的机会,使学生敢于表现,敢于提出问题。同时,通过该实验培养学生相互合作、获取知识的能力,并高度关注知识的获取过程。

③二氧化碳溶于水后的化学反应实验

教师首先提出疑问,先前的实验已经验证二氧化碳可以溶于水,那么,二氧化碳溶于水之后还发生了哪些化学反应呢?带着这一问题,教师引导学生开展讨论、实验设计,随后让学生来到讲台与自己共同开展实验:

步骤1:向干燥的使用紫色石蕊试液浸泡过的小花喷洒稀醋酸,让学生观察现象,最终引导学生总结出:酸可以让紫色的石蕊花变成红色。

步骤2:将紫色石蕊花放在盛有二氧化碳的集气瓶中,让学生观察,引导学生得出结论,二氧化碳不能够让紫色的石蕊花变成红色。

步骤3:将喷过水后的紫色干燥石蕊花放入装有二氧化碳的集气瓶中,引导学生通过实验观察得出结论,即紫色的石蕊花变成红色。

此时,教师引导学生总结实验心得,得出酸可以让紫色的石蕊花变成红色,而二氧化碳和水都不能够让紫色的石蕊花变成红色,此刻教师继续引导,让学生谈谈为何喷水后的石蕊花放入二氧化碳的瓶子中就会变红,通过学生小组讨论、分析最终得出结论,即二氧化碳和水溶解后产生了一种酸,正是这种酸让紫色的石蕊花变红。

得出二氧化碳与水溶解会产生酸的理论后,教师让学生开展实验,将可乐倒在锥形瓶当中,快速用瓶盖塞住,将导管通往紫色石蕊试液中,观察锥形瓶发生的变化,并探究变化的原因,并将变色的溶液置于酒精灯上进行短暂加热,再进行观察。学生完成实验后,教师提出问题,为什么变红的溶液又能变回紫色,此刻让学生基于课前的预习以及书本教材的翻阅给出答案,之所以变红的试液再次变回紫色,是因为二氧化碳溶解水之后所生成的碳酸具有不稳定的特点,在酒精灯加热条件下被分解。此刻教师在板书上写下两个化学反应方程式:

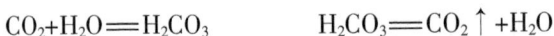

$$CO_2 + H_2O == H_2CO_3 \qquad H_2CO_3 == CO_2 \uparrow + H_2O$$

通过上述实验,可有效培养学生使用发展的观点来看待问题,同时利用对比试验,即通过使石蕊变色的探究实验让学生初步掌握对比实验的具体方法和理念,并利用实验活动培养学生发现问题、解决问题、总结问题、归纳问题的能力,并且使用生活中常见的可乐、花朵作为实验材料,有效贴近了学生的生活经验,大幅度增强学生对于化学的求知欲望,且在学生亲自动手实验的基础上,让其对知识掌握更加牢固。

④二氧化碳气体检验实验

首先教师提出问题,二氧化碳可以让澄清的石灰水变得浑浊,那么如何通过设计实验来证明? 问题提出后,教师让学生开展研究,随后让学生来到讲台与自己一同开展实验,也可以让学生独自完成实验,并对实验过程开展观察:

步骤 1:使用带导管的胶塞塞进可乐瓶的瓶口,将导管通入澄清的石灰水中;

步骤 2:找同学利用导管向澄清的石灰水中吹气,观察澄清石灰水发生的变化,在学生总结、归纳得出结论后,教师在黑板上书写该反应的化学方程式:

$$CO_2+Ca(OH)_2=\!\!=\!\!=CaCO_3\downarrow+H_2O$$

完成所有实验后,让学生开展本节课程所学知识的归纳、整理工作,阐述自己学到了哪些内容,同时为了让学生带着疑问离开课堂,对本次所学知识加以巩固,让学生回家后整理二氧化碳的性质,可以想到哪些二氧化碳的具体用途,并在下一节课与同学、老师交流。

该实验有效加强了实验设计的体验,让学生充分掌握实验探究的过程、方法,并有效培养学生的自我总结能力、归纳能力,让学生带着疑问离开课堂,为学生创造发挥想象力的空间。

(5)课后反思

完成"二氧化碳的性质"教学后,在课后进行反思,本次对学生开展的"二氧化碳的性质"教学工作是否达到了教学目标,在知识层面让学生通过教学掌握二氧化碳的有关性质,同时了解二氧化碳的有关用途,学生运用二氧化碳解决生活实际问题的能力以及探究学习方法的能力是否得到了提升, 而学生是否又通过这次教学有效培养了对待科学的正确态度以及社会责任感。教学难点是否讲透,是否克服了学生难以充分理解的二氧化碳与水的反应难点,每一名学生是否真正掌握了课堂知识,在后续教学工作中,还应如何去完善教学课堂的设计,以有效落实新课程理念下对中学化学教学提出的要求。

2.对时间的分配

在开展"二氧化碳的性质"教学阶段,要确保充分提升有效学习时间,因此课前让学生对二氧化碳性质的相关资料进行阅读、收集的行为十分必要,同时在课堂中抓住前15分钟关键时间,在关键时间中将"二氧化碳的性质"教学的关键点、关键问题向学生提出,在让学生快速吸收、快速探究的同时,尽量让更多的学生参与到动手实验过程中,本节课程共计四个实验,应让不同的学生参与不同的实验,尽量避免参与实验的人员重复。

课堂中,难免遇到学生在实验过程中提出问题的情况,为了在有效时间内解决有效问题,对于学生的提问可以采用以下措施,若问题较为浅显则可以直接回答,若问题层次较深,或是对二氧化碳与水的反应理解不够透彻,则教师应当在课堂上进行问题记录,在课余时间组织未吃透二氧化碳与水的反应知识的学生进行知识探究,直至其真正理解二氧化碳和水反应后可以产生碳酸的原理。

3.层次性教学

开展"二氧化碳的性质"教学,新课程理念要求教师将教学辐射到每一名学生身上,同时开展层次性教学,顾及班级每个层次的学生,在课堂分组讨论阶段合理划分小组,实现学优生带动学困生,同时高度关注学困生在学习过程中的状态,将其作为重点照顾对象,而改变过去下意识照顾优秀学生的情况,从而实现全面提升所有学生化学科学素养的目标。

本次"二氧化碳的性质"教学,在新课程理念下开展教学工作,在教学期间,教师作为引导者而并非只是传输者,积极引导学生对问题进行探究,在充分发挥探究式教学基础上,运用可乐、石蕊花等实验工具充分关联了学生日常生活情境与学生自身具备的生活经验,在情境引导下充分激发了学生的学习热情与探索化学知识的需求,充分体现出主体性、创新性、开放性原则,可以说这次"二氧化碳的性质"教学设计,良好地贯彻了新课程理念,有利于培养中学生的化学科学素养,掌握探索知识、获取知识的基本过程与方法。

第三节 "酸碱盐复习课"教学案例

1.课堂教学步骤

(1)确立教学目标与知识目标

①知识目标

目标1:深度巩固学生已经掌握的物质分类的方法,并通过物质分类去深度理解酸碱盐的具体组成形式;

目标2:复习、归纳酸碱盐的化学性质,并总结酸碱盐的反应规律;

目标3:深度理解中和反应、复分解反应以及化学方程式的书写规律。

②学生能力目标

目标1:培养学生归纳能力、总结能力以及正确的学习方法;

目标2:培养学生从个别到一般,从一般到个别的归纳推理能力。

③情感目标

目标1:通过酸碱盐复习课程的教学,培养学生将化学知识应用于实际生活中的习惯;

目标2:通过酸碱盐复习课程教学,让学生萌生将化学知识用于社会发展的强烈愿望;

目标3:深度体会理论知识和实践结合的快乐。

(2)"酸碱盐复习"教学重点

重点:本次开展"酸碱盐复习"教学的重点在于理解酸碱盐的化学性质,

以及酸碱盐化学知识在解题中的具体应用。

难点:本次"酸碱盐"复习的难点在于如何有效引导学生主动地在生活中利用酸碱盐的化学性质解决实际问题。

(3)教学方案设计

本次"酸碱盐复习"是在中学生具备有关酸碱盐的基础知识之后,对过去知识进行的一次回顾与总结。酸碱盐教学内容的主要难度在于各类物质相互之间的化学变化,同时也是初中化学教学阶段的主要突出点,学生在完成酸碱盐内容学习后,经常出现错误搭配化合物之间反应的现象,教师需要在新课程教材下,系统地对酸碱盐的化学性质开展归纳,让学生及时对酸碱盐知识进行有效的归纳、复习,故该课程主要是让学生对酸碱盐各物质的化学反应理解不仅仅停留在表面,而是深度理解酸碱盐之间相互的反应,确保学生更深层次的理解复分解反应的发生条件,同构教学让学生将酸碱盐原本零散的知识进行规律化、系统化、网络化的整理与归纳。

①课前收集相关材料

开展酸碱盐复习课程教学前,教师安排学生整理过去学过的酸碱盐相关学习内容,重新进行知识的复习。

②导入情境

趋于新课程理念下初中化学教学的灵活性,教师不必一成不变地严格遵守导入情境、开展教学、开展实验步骤,可直接运用实验导入教学情境,或是其他的形式调换教学步骤,只要是以培养学生化学科学素养为目标,有效实践知识目的、学生能力目的、情感目的即可。

开展"酸碱盐复习"教学阶段,首先教师基于实验导入教学情境,向学生展示一个盛装过石灰水的试剂瓶,并提出问题:瓶子上的白膜是如何形成的,该怎样清洗,同学们请写出反应化学方程式。教师提出问题对学生加以引导后,学生再运用纸笔去书写反应化学方程式,同时回答白膜是如何形成的、如何实现瓶子的清洗工作,同时教师也可让多名学生到讲台前进行回答,并指定数名学生到讲台上开展实验并观察,通过实验观察论证学生们的回答是否正确。

对第一个问题引导实验、得出结论后,教师对于学生的书写结果做出有效的评价,并将引导问题过渡至酸碱盐的相关知识领域,教师利用多媒体设备播放 PPT,让学生了解本堂"酸碱盐复习"课程的主要学习目标。这种设计形式,首先可以通过实验充分引起学生的注意力,激发酸碱盐复习课程的兴趣,并以自然的形式引出课题,同时通过多媒体 PPT 课件让学生高度明确本节复习类课程的最终目的,即有效增强自身已经掌握的物质分类方法的知识牢固性,其次通过物质分类去深度理解酸碱盐的具体组成形式,最终归纳酸碱盐化学性质的同时总结出酸碱盐的反应规律,使自身深度理解中和反应、复分解反应。

③复习讲解

教师提出引导问题,随后让学生以小组形式开展讨论,每个小组能力要均衡,既包含能力较强的学生又包含能力一般的学生,在学生完成讨论后,每组派代表说出自己对物质分类方法的见解,回答问题后教师予以评价与鼓励,随后利用 PPT 课件展示物质具体的分类方法,并以物质分类方法引出酸碱盐的概念,同时在板书上书写酸碱盐的化学组成方式。并基于 PPT,向学生提出问题:

下列每一组物质中,都包含一种同其他三个物质类别不同的物质,请写出该类物质并说出分类的标准:

第一组:海水、食盐、冰水、食醋

第二组:小苏打、干冰、高锰酸钾、氢氧化铜

第三组:甲烷、氢氧化钠、硫酸、纯碱

第四组:二氧化锰、氢气、二氧化碳、氯化钾

学生在纸上写好答案后,教师在每个小组抽查 1~2 名学生的答案并予以点评,在此期间高度重视课程基础较差同学的答案,确保教学关注点全面。

该教学方式可有效强化学生对于酸碱盐组成的认识,同时让学生熟练掌握物质分类的具体方法。

随后,教师向学生展示第二个多媒体 PPT,PPT 上展示内容为:

1.酸+金属 2.盐+金属 3.酸+碱 4.碱+非金属氧化物 5.酸+盐 6.碱+盐

7.酸+金属氧化物　8.盐+盐

请同学们根据每种反应写出一个化学反应方程式,同时写出基本反应。

教师以此题目为引导让学生进行答案书写,学生用纸笔书写答案阶段,教师安排数名同学到黑板上进行答案书写,并对答案进行点评,对学生予以表扬和鼓励。

完成练习题写作后,教师再提出引导问题,第一,中和反应可以生产盐和水,则包含盐和水的生成反应必然是中和反应,第二,复分解反应中包含着中和反应,那么中和反应就一定隶属于复分解反应,同时教师在板书上书写:

1.酸+金属→盐+氢气

2.盐+金属→新盐+新金属

3.酸+碱→盐+水

4.碱+非金属氧化物→盐+水

5.酸+盐→新酸+新盐

6.碱+盐→新碱+新盐

7.酸+金属氧化物→盐+水

8.盐+盐→新盐+新盐

在提出问题后,教师引导学生开展酸碱盐的化学性质归纳,并进行问题回答。

完成这一问题回答后,教师向学生播放多媒体PPT来展示酸碱盐的化学性质,让学生进一步巩固对酸碱盐化学性质的了解深度。本次课题设计,可以通过酸碱盐的反应归纳结合有效的方法让学生加深对酸碱盐的理解程度。

完成上述内容复习后,教师继续使用多媒体PPT形式向学生播放、展示,PPT内容显示下列物质相互之间能否发生化学反应,并将可以反应的写出化学反应方程式:

铜和稀盐酸、铁和硫酸铜、碳酸钠和稀硫酸、氯化钡和硫酸钠、硝酸银和稀盐酸、氯化铵和氢氧化钠、氯化钠和氢氧化钡。

提出问题后,让学生相互讨论并进行回答,随后教师对复分解反应发生的条件进行总结和归纳，通过这种联系的形式加深学生们对反应条件的记忆、理解。

（4）课后反思

完成"酸碱盐复习课"教学后，在课后进行反思，本次对学生开展的"酸碱盐复习课"教学工作，是否有效带领学生对曾经掌握的酸碱盐相关知识进行了有效的复习与归纳，自身教学行为是否具备新课程理念特点，即生活化特点、个性化特点、人性化特点、兴趣化特点；是否有效落实了"酸碱盐复习"的教学重点，即"让学生酸碱盐的化学性质理解，以及酸碱盐化学知识在解题中的具体应用"，教学难点方面是否真正克服了酸碱盐的化学性质理解，以及酸碱盐化学知识在解题中的具体应用的难点，每一名学生是否真正掌握了课堂知识，在后续教学工作中，还应如何去完善教学课堂的设计，以有效落实新课程理念下对初中化学教学提出的要求。

2.对时间的分配

碱盐复习课以复习学生曾经掌握的酸碱盐相关知识为主，为最大化发挥有效时间，教师应确保复习的内容皆是酸碱盐关键知识点，同时要注意掌握课堂上题目练习的时间，题目难度不得过于简单也不可过难。同时要注意分配解决学生提出问题的时间，在学生提出问题期间，相对简单的问题可直接回答，需要深度研究的问题应加以记录，等到课后再进行回答。

3.层次性教学

层次性教学方面，对于酸碱盐基础知识掌握较差的学生，应更多的给这些学生机会上讲台参与实验或是在黑板上做题，而在此过程中即使学生没有给出正确的答案，也不对学生进行批评，而是开展合理的评价与反思，帮助学生找出错误的原因，并对学生开展有效的鼓励，以促进学生学习化学知识的积极性。

本次酸碱盐复习教学案例是以复习为主的课堂设计，其主要教学目标是深度巩固学生已经掌握的物质分类的方法，并通过物质分类去深度理解酸碱盐的具体组成形式,带领学生复习、归纳酸碱盐的化学性质,并总结酸碱盐的反应规律,让学生深度理解中和反应、复分解反应以及化学方程式的书写规律。在此过程中充分落实了新课程理念下的探究式学习、高度注意教学过程中的时间分配,同时有效抓住教学重点,遵循讲练结合、以练为主的形式,可全面促进每一位同学对于酸碱盐化学知识的了解程度与知识点的掌握。

第四节 "一氧化碳"教学案例

1.课堂教学步骤

(1)确立教学目标与知识目标

①知识目标

目标1:让学生通过教学了解一氧化碳的可燃性与还原性;

目标2:通过对一氧化碳的微观分析,让学生深度了解一氧化碳的剧毒性特征;

目标3:通过分析一氧化碳的用途,让学生初步认识物质性质与用途之间的关联;

目标4:通过燃气泄漏的检验以及燃气使用规范让学生开展讨论,使其初步学会燃气的正确使用方法。

②学生能力目标

目标1:使学生通过一氧化碳性质、用途的学习,体会结构决定性质、性质决定用途,培养学生良好思维品质;

目标2:利用一氧化碳还原氧化铜反应的微观过程,培养学生透过表现看本质的正确科学态度。

③情感目标

目标1：引导学生对一氧化碳进行全面的认识与了解，培养学生全面认识事物的科学素养；

目标2：通过煤气泄漏检查的教学以及煤气泄漏后采取何种措施的讨论，实现对学生的环保教育与安全意识教育，提升学生自身公民素质。

(2)"一氧化碳"教学重点

本次"一氧化碳"教学工作重点在于让学生深度了解一氧化碳的毒性、还原性和可燃性。

课题难点在于如何让学生深度了解一氧化碳的还原性。

(3)教学方案设计

①导入情境

课堂开始阶段，为学生播放某地一起因煤气泄漏导致多名学生因一氧化碳中毒死亡的新闻视频，从而引出本次的课题"一氧化碳"，激发学生对于一氧化碳的求知欲。

②一氧化碳的物理性质

开展一氧化碳物理性质教学，首先用多媒体设备向学生展示二氧化碳分子结构与一氧化碳分子结构，引导学生分析二者的不同之处，并以小组为单位开展交流，最终结果由小组代表进行发言回答。通过分子结构的展示，有效激发学生对一氧化碳的兴趣，同时让学生更加直观的了解一氧化碳和二氧化碳分子结构的区别，向学生渗透物质结构决定性质的化学思想。随后，教师通过多媒体设备向学生展示一氧化碳和二氧化碳的物理性质对照表格，让学生通过回忆、思考、阅读，对二者的物理性质进行对比，进而有效培养学生的归纳能力和比较能力。

教师运用多媒体设备向学生展示气体收集的方法，引导学生依据一氧化碳的性质分析如何有效收集一氧化碳，该环节能有效巩固学生对于一氧化碳物理性质的了解程度，为学生了解一氧化碳可燃性、还原性、毒性奠定基础。

③一氧化碳的可燃性

教师通过多媒体设备向学生播放一氧化碳燃烧的动画视频，让学生观察动画并开展观察记录，运用一氧化碳燃烧实验视频的播放让学生对一氧化碳的可燃性产生深度认识，同时实验播放的形式有效保证了学生的安全。完成课件播放后，教师让学生以组为单位开展实验现象讨论，同时将一氧化碳知识关联生活，分析一氧化碳在生活中的用途。随后，教师再为学生播放充满煤气的房间爆炸的动画视频，引导学生深度分析发生爆炸的具体原因，让学生在爆炸视频画面下充分体验到可燃气体验纯的必要性。

④一氧化碳还原性

教师利用媒体设备为学生播放一氧化碳还原氧化铜的实验视频，让学生认真观察，并写出一氧化碳还原氧化铜的化学方程式。完成视频播放与化学方程式撰写后，以组为单位开展问题讨论，引导学生分析燃烧产物的同时进行化学方程式的书写，教师抽查学生答案内容，并予以评价与鼓励，在学生书写错误时，教师应让学生明确自己错在哪里，错的根本原因。最后教师再为学生播放一氧化碳还原氧化铜的微观动画视频，向学生形象且直观地展示出一氧化碳还原氧化铜的微观过程，确保学生通过讨论、分析、表达式书写以及观看视频，深度理解一氧化碳的还原性。

⑤一氧化碳的毒性

开展一氧化碳毒性教学，首先教师利用多媒体设备播放一氧化碳中毒的机理，引导学生深度研究一氧化碳中毒的具体原因，利用此环节同最初播放的一氧化碳中毒视频相互呼应，培养中学生透过现象看本质的科学态度。随后以组为单位讨论交流，引导学生探索如何抢救一氧化碳的中毒者，并对知识进行扩展，以引导学生们考虑香烟带来的危害，运用吸烟的危害性让学生进一步认识一氧化碳带有的毒性以及对人体的危害，间接教育学生远离香烟、远离危害。

⑥一氧化碳对学生生活的延伸

通过学习一氧化碳化学知识，引出如何正确地使用燃气以及如何有效检验燃气的泄漏，在发现燃气泄漏阶段应当如何紧急处理，如何对一氧化碳中毒者实施抢救。通过学生之间的交流，有效增强学生的安全意识，有效提升学生未来作为公民的个人素质。同时,为了使学生带着疑问离开课堂,教师为学生布置课后作业,让学生回家调查家里周边使用煤气的用户,在调查中找出煤气的安全隐患,并帮助邻居设计有效改进煤气使用的方案。

(4)课后反思

完成"一氧化碳"教学后,在课后反思自身教学行为是否具备新课程理念特点,即生活化特点、个性化特点、人性化特点、兴趣化特点,是否有效落实了"一氧化碳"的教学重点,即"让学生深度了解一氧化碳的毒性、还原性和可燃性",及"如何让学生深度了解一氧化碳的还原性"难点是否得到了有效的克服,每一名学生是否真正掌握了课堂知识,在后续教学工作中,还应如何去完善教学课堂的设计,以有效落实新课程理念下对中学化学教学提出的要求。

2.对时间的分配

时间分配方面,在课程开始阶段抓住前 15 分钟关键时间,将学生快速带入教学情境当中,让学生高度明确本次"一氧化碳"课程的教学目标,同时了解一氧化碳对社会发展和生活的作用。

在课程教学过程中,合理地将时间分布在课件展示、问题引导、学生讨论三个环节,最大化发挥化学课堂有效时间,杜绝因学生提出各种无意义问题造成课堂时间的浪费,若是对学习"一氧化碳"有益,对培养学生化学科学素养有益的问题,教师应予以解答,若问题需要耗费较多时间应进行记录,在课后时间为学生解答。对于学生所提出的同课程关联较小的问题,同样进行记录,在课后阶段实现问题的解答。

3.层次性教学

开展层次性教学,为实现将有效教学辐射到每一名学生,教学过程中要加强对化学基础知识较差、思维能力较差以及接受能力薄弱同学的关注,在课堂回答问题阶段予以一定的有效时间,对其出现的错误进行纠正,分析错误原因,同时高度关注学生课堂上的注意力,一旦发现注意力容易转移的学生应及时进行纠正,同时在对学生个体提问阶段,严格根据每一名学生自身能力,提出与其水平相适应的问题。

开展小组讨论阶段,合理划分各小组成员,实现学优生带动学困生,确保每一名学生都能够通过化学课堂教学感受知识获取的一般过程与方法,感受化学知识的重要性与获取知识的喜悦与成就感。

本次"一氧化碳"教学案例,良好落实了新课程理念下提出的教学要求,在通过课程内容合理设计教学步骤同时,高度重视教学过程中的时间分配,基于课程教学的进展,合理运用了多种教学形式,如导读式教学、交流式教学、讨论式教学等,在实现新课程理念下提倡探究性学习、注重联系实际课堂设计目标同时,同构层次性教学,可有效促进每一名学生化学科学素养的提升。

本章节以初中化学教学中 "铁的性质""二氧化碳的性质""酸碱盐复习课"以及"一氧化碳"教学为案例,分析如何在新课程理念下开展初中化学课堂教学。通过这四个案例的分析,我们可以明显的发现,每个课堂案例都有自己的特点,或是按部就班地按照情境导入—引导探索—开展实验活动的流程进行教学,或是直接以实验的方式导入教学情景,虽然这些课程案例都有独特之处,但是无一例外都是充分贯彻了新课程理念下的教学目标,即在培养中学生化学科学素养目标的基础上,高度倡导探究学习,高度强调开展教学阶段,将化学知识与实际进行关联。

同时,四个案例的教师在开展教学过程中,无一例外都是站在学习督促者、知识新型传授者、校本课程建设者的角度,通过对化学课程有效的扩展和改进,以引导的形式让学生去探究知识的真谛,而四个案例也都高度关注对时间的合理分配,以及如何有效地开展层次性教学,确保教学内容和教学范围覆盖到每一名学生,实现层次性教学下全体学生化学科学素养的提升。

在教学设计形式上, 四个案例也都充分体现出新课程理念下教学设计形式高度灵活的特点,对本文提出的八种教学形式进行相互穿插与混合应用,充分展现新课程理念下中学化学教学的生活化特点、个性化特点、人性化特点、兴趣化特点。教师可以有效地运用情景导入配合多媒体课件播放的形式，充分引起学生对化学知识的兴趣，让学生愿意主动学习化学知识，并将化学知识应用到生活中，有效培养学生将化学知识运用到社会发展造福人类的高尚情怀。

在反思方面，为了让学生带着问题离开课堂，四个案例运用本书提出的置疑法、求异法等，让学生即使离开了化学课堂也可以继续进行化学知识探究、学习，使其知识点得到有效的巩固，为未来的学习与生活奠定良好基础。

第九章

新课程理念下初中化学课堂教学评价

    课堂教学评价是对课堂教学过程中出现的主体与客体的评价，它的评价包括"教"与"学"，其价值在于课堂教学评价是促进学生成长、教师专业发展的重要手段，而如何通过行之有效的课堂教学评价促进教学质量的全面提升，也成为现代教育领域学家正向研究的内容与热议话题。

    新一轮初中化学课程改革的目标是提高全体学生的科学素养，新课程目标强调基础性、普遍性和发展性，化学学习的内容强调实用、有意义、有挑战性。中学化学课堂教学评价的前提是让学生成为课堂的主人，而教师则作为学生的引导者、组织者，组织学生开展学习活动，并对学生进行激励、对课程资源进行分配与重组。初中化学新课程要求建立与之相匹配的课堂教学评价体系，让课堂教学评价的价值取向、评价内容和评价方式成为教师课堂教学设计的出发点，并高度关注实施过程和目标的实现。新课程课堂教学赋予丰富的内涵和全新的教育教学观点，而重构初中化学课堂教学评价体系已经是教育体系的一项紧迫任务。

第一节　评价理念

自 20 世纪 80 年代,在西方现代教育评价逐渐被世界各国所接纳的背景下,我国的课堂教学评价也开始迅速发展,最初的课堂评价是仅仅从课堂教学的规范、内容层面开展。到 20 世纪 80 年代后期,我国课堂教学评价通过大量的实践与教学人员的研究,将模式和全部精力集中在了定量化评价的方向,具体表现在如下三个方面:第一是评价标准的确定,第二是评价信息的收集,第三是评价结果的获取。到 20 世纪 90 年代,大量教育学者在定量化评价广泛应用的背景下,逐渐意识到这种过于定量化的课堂评价不利于真正地抓住课堂存在的问题。随后,诸多学者对课堂评价提出了改进的建议。直到进入 21 世纪后,在基础教育课程改革深度实施背景下,新课程理念出现了发展性课堂评价。所谓"发展性课堂评价",就是以促进学生发展作为基础目标,高度重视发挥教学评价的作用,促进教师提高有效改进教学功能。评价方法方面转变了传统课程理念下重视甄别与选拔的模式,教育学者、社会教育机构更加明确在新课程理念下开展发展性课堂教学评价的意义。

1.课堂教学评价可促进教学规律性的探究

开展课堂教学评价,可以有效促进课堂教学规律性的探究。不同的教师、不同的科目、不同的学期时段下所开展的课堂教学,都有自己独特的规律,因此若想进行有效的评价,就必须对其规律性进行深度研究。课堂教学是一个由教师、学生以及周围物理、心理环境共同组成的复杂系统,其涉及的内容十分广泛,包括课堂的组织管理、课堂的实施、课堂的讲解、师生角色、课堂信息交流等,因此,只有真正了解课堂教学中涉及的各种要素以及各个要素之间的关联,深度分析活动的规律性,才能够正确把握课堂教学的规律,开展有效的评价。

2.课堂评价可以有效提升课堂的教学质量

开展课堂评价可以有效提升课堂的教学质量。课堂教学评价的标准,是衡量课堂教学质量的尺度,这种尺度是通过多种优化因素组合而成,而课堂教学只有全面满足每一项条件和标准,才能够起到预期的教学效果,真正实现新课程对课堂提出的要求。课堂教学评价有着对课堂较强的监控功能,可以有效通过信息的反馈有效反映出教学内容是否合理,教师的教学行为是否适宜,教学过程中采用的教学手段是否恰当。同时,依据评价的结果,可以有效指导各科目的教师以评价结果为依据进行课堂活动调整、教学方法改进,从而全面提升教学质量。

3.促进教师与学生共同发展

(1)教师层面

课堂教学评价有助于促进教师的专业发展和学生的积极性。评价主要的意图并非为了证明当下,而是为了后续有效的改进。站在教师角度分析,行之有效的课堂评价能够以客观的角度衡量出教师的教学水平,从而挖掘出教师课堂教学中存在的不足,进一步增强教师的责任感、紧迫感,促使教师开展深度的教学研究,认真学习教学理论,不断的自我完善、自我发展,加强职业素养。

(2)学生层面

站在学生角度,课堂教学在未来相当长的时间内都将是学生的主要阵地,课堂的教学活动不仅仅是一个简单的教学活动过程,这一过程下直接关联着学生的成长、生活过程。开展课堂教学,就是为了给学生打造一个富有价值、富有生命力的,可以促进学生不断自我完善、健康全面发展的教学课堂。对于学生来讲,开展行之有效的课堂教学评价,能够有效在感情层面、价值观层面、创新意识层面、态度层面、实践能力层面促进学生的发展,引导与构建相对和谐的课堂氛围,充分发展学生的个性心理。同时,课堂评价有助于培养学生不断自我提高的意识和信心,产生民主平等的精神,在学习活动中充分开展自我调节、自我监控,有效激发学生的潜能,促进学生形成健全的人格,为学生未来走向社会打下良好的个人素质基础。

4.课堂教学评价的特征

相比其他类型的评价,课堂教学评价具有其固有的特征:

第一,多维性特征。课堂隶属于多维性的空间,并且课堂下的学生对知识的认知处于不同的层次,每一个学生有着不同的目标,教师讲解的内容会产生多种效果,而教学任务针对不同的学生,其实现的过程与实现的效果也有所差异。

第二,同时性特征。课堂上许多事物都是同时发生的,教师在开展课程讲解阶段,同时还需要注意学生对课程内容的接受情况,并且需要考虑后续课程内容的安排,而学生听讲阶段,在思维、师生之间的信息互动这些层面都是同时发生的。

第三,即时性特征。在课堂中,师生之间的信息交流源源不断,通常一节课师生之间的交流可能达到上百次,而教师需要即时对反馈的信息进行有效的处理和控制,才可能有效地实现课堂管理工作,从而完成课堂教学任务目标。

第四,不可预测性特征。教师开展课堂教学中。很大一部分事件都是不可预测的,即使教师在课前对课堂中可能发生的事情做好了充足的准备,也不可能准确的预料到课堂可能会发生的事情。例如学生是否全部到位,讲解知识时学生对于知识理解程度的差异,又或是对于某个问题的回答出乎教师的预料,也可能因为一些特殊性原因导致课堂被突然打断。

第五,公开性特征。作为教师和学生共同成长的环境,课堂具有公开性的特征,而教师处理课堂中每一件事情都在学生的监督之下,因此学生会对教师的教学行为是否公正做出判断,同时学生的情况相对于教师来讲也是公开的。

第六,历史性特征。课堂是一个连续的整体,在课堂中发生的每一个教学行为都会影响到后续课堂的活动,而教师所开展的当前的课堂活动又依赖于之前已经发生的课堂行为,因此每一个课堂行为都是课堂历史中的一个基点,相互之间都有因果关系。由此,基于课堂的教学特征决定了新课程开展课堂教学评价的特点:

(1)评价内容的整体性特征

对课堂教学开展的评价应当具备整体性、全面性特点,在空间上应当包括课堂常规、课堂环境、课堂活动、课堂秩序,在时间维度上应当包括课堂安排比例、课堂的效率。在教师层面应当包括教学目标、教学设计、教学方法以及教师的个人素养。在学生方面应当包括学习习惯、学生参与的情况、学习的效果等等,只有围绕课堂教学的每一个方面开展整体的评价才是科学的课堂教学评价。

(2)评价主体的多元性特征

对课堂教学开展的评价,可以是教师本人对自身教学行为的反思与总结,对自己的教学行为提出评价与看法,也可以通过课堂观察,将同行的课堂教学与自己的体验进行对比评价,还可以基于参与课堂的学生,基于自身对课堂学习的感受,对课堂进行合理的评价。课堂教学评价属于一种交互式的评价工作,开展课堂评价阶段高度强调全员参与,即课堂中的学生参与、教师参与乃至学校领导参与,开展多层次、多类型的交流沟通与协商,才能够获取真实、全面的课堂评价教学信息。

(3)评价标准的多重性特征

不同的学生、不同的课堂教学背景之间具备较大的差异性,课堂教学评价的标准必须能够适应多种评价背景,在制定课堂评价标准阶段,需要充分考虑学科年级、学生的学习特点、教师的教学风格、教学背景等,如果课堂评价过于模糊或是笼统,那么标准在实施、操作阶段的公平性就会难以保障。与此同时,课堂教学评价不能够将标准模式化,而是应当依据教师、学生以及教学目标的特点,通过评价有效突出标准的差异性和多重性,优秀的课堂评价标准应该是基于不断的尝试与摸索,最终确定标准的特异性水平。

(4)评价方式的多样性特征

课堂教学的评价方式具有多样性的特点,在评价方法层面,表现为可以依据不同的课程类型采用定量评价,例如对时间的控制、课堂学生成绩的测定、教学目标完成的情况。或是采用定性的描述,例如教师的教学艺术、教学机制、非智力因素培养、学生的参与程度、师生信息交流等。同样,课堂评价也可以采取定量和定性结合的形式。在评价目的方面,采用诊断性评价的方法寻找课堂教学中存在的问题,或是采用定性的评价去高度注重教学的过程,也可以采用总结性的评价对教学水平进行鉴定,但是,通常情况下课堂教学评价会采用定性的评价,在评价标准层面可以采用绝对评价、相对评价或是内差异评价。

(5)评价目的的确定性特征

课堂教学是学校开展教学活动的主要过程,属于师生共同参与的活动,对教学过程开展评价,更加倾向于同形成性评价目的加以关联。因此,课堂教学评价的目的,其主要侧重点应当确立在实现评价的形成性目的。课堂教学评价具有两大评价目的,第一目的是通过评价所提供的信息,让教师和学生明确目前开展的教学存在哪些优势、哪些问题,让教师与学生尽快弥补缺失、最大化发挥优势;第二目的是让教师不断通过自我评价来反思自己在教学过程中的教学行为存在哪些问题,促进教师不断进行自我发展,提升自我素质。

第二节　评价原则

初中化学课堂教学评价,必须在新课程理念的有效指导下,以有效促进学生和教师在评价中共同获得发展为目标,以提升教学课堂质量为主旨,遵循如下原则：

1.发展性原则

开展有效的课堂教学评价，不能仅仅对课堂实际的情况做出简单的好坏区分，重点在于必须强调课堂教学评价形成的作用，高度关注发展功能。作为课堂教学评价主要组成部分之一，若想有效地促进教师的发展和学生的发展，就要求课堂评价必须高度注重教师与学生的积极参与程度，在教师、学生的活动过程当中充分展示课堂评价的总结结果。依据结果对学生与教师的活动进行矫正、促进、催发，因此，站在发展性原则的角度分析，中学化学教学应当让课堂评价成为有效促进学生全面发展、教师自我发展的主要手段和工具，而发展性原则也是开展中学化学课堂评价最基本原则与最重要的原则。

2.主体性原则

现代心理学指出，主体的参与性直接关联着能否促进学生的学习，故参与性是学生主动学习的原始机制，只有在课堂上充分发挥出学生的主体性，让学生参与到课堂活动中，才能够让学生在教学活动中充分履行拥有的权利，承担自身的义务。若想让学生成为课堂主体，首要的前提是必须有效地调动学生的主观能动性、积极性，让学生积极主动地参与教学活动，而开展评价工作是有效调动学生主体性的机制。学生开展学习阶段，只有通过自己不懈的努力才能够学会，而通过评价，可以在发挥学生主体参与性的同时，让学生感受到获取知识、获取力量的快乐，并培养学生积极合作发展的良好品德。

3.全面性原则

课堂教学是学校开展中学教育工作的基本活动形式，同时也是培养学生的主要渠道，课堂教学评价需要高度关注学生的全面发展，评价内容不可仅仅局限于学生对知识的掌握，同时也要关注化学课堂的教学，能否有效促进学生的良好个性品质的形成、发展,对学生的实践能力、创新能力予以高度的关注。

4.科学性原则

制定课堂教学评价方案,需要围绕教育方针、课程标准作为主要依据,确保评价的方式符合心理学、教育学基本原理,而评价方案的指标体系必须能够有效反映出课堂教学水平相关度高的指标构成,确保每项指标的权重分配足够合理、界定明确,同时制定相对周全的评价方案,而在评价方式上,也要坚持定量定性相结合的形式,促进评价结论的公正性、科学性。

5.明确性原则

对初中化学课堂的评价目的必须高度明确,且开展评价的要求也需要明确,只有目的和要求都明确,才能够促进学生的发展。因此,学校在教学活动开展之前就需要让学生了解、掌握明确的目标,才能让学生朝着正确的、预先制定的方向去努力。例如,教学目标需要让教师在活动之前掌握,同时学生也需要在活动之前有所了解。

6.针对性原则

不同教师所开展的中学化学课堂教学具有极大的差异性,其评价的结果也各有不同,因此,课堂教学评价必须具备针对性,遵循化学教学下每一堂课的教学目的、教学内容等实际情况开展中肯的评价,确保评价结果能够产生有效的激励效应。

7.过程性选择

作为促进课堂教学效果提升的有效工具,开展课堂教学评价,必须要贯穿中学化学教学活动的整个过程。新课程理念下,发展性课堂教学评价主要侧重的内容是过程性的评价,而并非传统课程理念下终结性的评价。过程评价属于在课堂教学过程中对学生教师的行为开展评价的形式,评价过程下主张内外结合、开放式评价,同时高度提倡评价过程与教学过程相互融合,评价的主体与客体相互整合、互动,从而有效实现对学生学习质量水平的判断,找出学生学习阶段的问题。通过评价结果,让学生可以更好的把握学习化学的方式,并理解和掌握评价的方法,实现学生终身学习的推动与呼应。

第三节　评价依据

实现初中化学课堂教学评价,主要基于五大依据开展评价体系制定工作,即课堂教学结构元素依据。

1.课堂教学结构元素依据

开展课堂教学体系的建设,主要指依据课堂的实际情况制定课堂教学评价指标,在这期间设计着多种内容组成的元素。中学化学课堂教学具有复杂多变、不确定性因素特点,但是课堂教学阶段的诸多因素具有相互关联和相互影响的特点,课堂教学活动其本质在于“教”与“学”的和谐互动,在求知发展的路上开展螺旋式上升的智能活动。站在确立课堂教学评价标准内容结构要素角度分析,倘若在建设课堂教学评价体系阶段,建设者过于追求教学环节的完美,就有可能束缚课堂教学过程中的张力,不利于对学生创新精神的培养, 也无法锻炼学生的实践能力。如果评价标准的内容结构过于烦琐,那么就会导致师生在开展中学化学教学阶段受到一定的束缚,无法充分发挥师生的创造力。但若评价标准过于简单或是笼统,缺乏科学合理的内容标准,就会不利于课堂教学评价的具体操作,失去提升中学化学教学课堂质量的指导性意义, 而素质教育理论以及社会的发展都要求中学化学课堂教学评价,必须求实求新,充分体现出新课程理念下的人本思想和化学教学的实效性。

在确定初中化学课堂教学评价标准下的内容结构元素阶段，制定者应当从课堂教学的联系性、整体性角度入手，充分抓住课堂教学活动下的主要元素，将常规性的课堂结构元素作为课堂教学评价标准的主要内容结构。

课堂教学活动由教学内容、教学目标、教学方法、教师与学生活动等一系列常规性元素组成，相比教学目标，教学内容元素、教学方法元素是直接影响教学活动效果的元素，而教学方法又是由教师和学生共同来决定的，因此师生活动就是构建课堂教学评价的重要元素。

在开展课堂教学活动中，教师的"教"蕴含着情感、方法、语言等一系列相关因素。应当统一将这些因素归为教师的活动元素，同时学生是新课程理念下教学的主体，应当将学生的"学"作为课堂教学评价内容的重要元素。教师的教与学生的学二者是辩证统一的教学关系，这一关系直接贯穿于课堂教学的每一个环节。两者都是课堂教学评价标准、体系的重要元素，而课堂教学活动的落脚点是教学的效果。因此，站在课堂教学整体角度分析，应当在制定课堂教学评价体系阶段，将教学目标、教师活动、学生活动、教学内容、教学过程关系、教学效果六个要素作为制定课堂教学标准的根本元素依据。

2.素质教育思想理念依据

素质教育思想是课堂教学活动的有效指针，同时也是体现教育目的的主要教育方针。虽然中学化学课堂教学隶属动态复杂的系统，但是好的课堂教学必然是有思想、有灵魂、有先进的教学理念与方法。课堂教学评价标准作为指导教师开展日常化学教学、指导学生求知活动范围的评价尺度，必须具备正确的教育学思想，素质教育思想理念，充分体现出我国教育方针的内涵。隶属我国新课程理念之下教学改革和发展的主题，同时已经上升为国家的法律意志，在素质教育思想理念下蕴含着对祖国未来人才培养的根本精神和根本要求，对于新课程理念下的教学管理模式、人才培养模式改革都起到了有效的主导作用，同时对于新课程下的课堂教学目标、教学内容、教学方式都有着决定性的影响因素。因此，在新课程理念下制定课堂教学评价标准阶段,建立课堂教学评价体系,需要将素质教育思想作为理论依据,坚持体现教育的人本特点,以实现国家人才培养为根本目标。将人本理论贯穿课堂教学评价体系中,面向全体、发展个体、尊重主体,进而培养学生的实践能力和创新思维,基于课堂教学评价,全面体现出素质教育背景下的内涵与特征。

3.国家教育教学质量要求规定依据

国家教育教学质量要求规定,开展人才培养教育教学要求的标准,同时也是教师施教行为规范的标准和学生求知行为规范的标准,国家教育教学质量要求规定直接决定着素质教育的实施、学生的发展,直接关系着国家教育目标能否有效实现。《义务教育法》明确指出,学校和教师需要按照确定的教育教学内容、课程设置开展义务教育活动,从而保证达到国家提出的基本质量要求。

国家教育教学质量基本要求规定,其主要体现形式是利用国家的法律法规来确定学生的培养目标,具体的体现角度在于新课程实施背景下的培养目标以及课程标准。站在该意义角度上分析,基础教育下的新课程实施高度明确课堂教学的学生三维目标、培养要求,因此,在新课程实施背景下,国家教育教学质量要求规定应当是制定课堂教学质量评价标准的主要依据。

国家对于课堂教学内容质量标准的要求,绝不仅仅是将教材上的知识内容单纯的传输、复制给学生,而是要站在以学生发展为本的角度,高度强调对学生情感、能力、人格、知识的培养,蕴含着学生全面发展的诉求。教书育人理念下新课程的教学质量蕴含在学生培养三维目标之中,因此制定中学化学课堂评价标准,必须要以国家教育教学质量要求规定为依据,确保标准符合新课程下的标准,在制定标准、运行标准阶段,不可随意将标准降低,同时也不可随意地抬高课堂教学评价标准,不顾学生的实际午龄和学习环境。

4.国家教育法规

中学教师肩负着为国家、为人民培养人才的重要使命,而在教书育人的过程中,教师的主导地位不容置疑,教师在教学工作中开展教学行为,直接影响着学生的培养质量以及学生能否健全发展。因此,在制定新课程理念下的课堂教学评价标准阶段,需要确保教师的行为始终受到国家法律法规带来的约束与管理。在新时期背景下,国家陆续颁布了《教师法》《义务教育法》《教育法》等一系列重要教育法律。同时教育部也颁布了《基础教育课程改革纲要(试行)》等,站在我国人才培养目标要求的背景下,对于教师的角色有了全新的定位。

国家教育法律法规不仅赋予了新课程背景下中学教师全新的使命和角色,同时也严格地规范着教师的行为,其中涵盖了教师在课堂中开展教学行为的多个方面,对于教师教学工作的开展具有极大的指导意义和规范意义。虽然教师的教学行为属于个体行为,但是仍然要遵循国家法律法规、相关规范提出的要求,其教学方法必须有利于培养合格人才的要求,因此制定课堂教学评价标准期间,需要将国家教育法律法规作为制定标准的依据。

第四节　评价体系

在明确评价标准制定依据后,针对中学化学课堂教学制定评价体系,以课堂教学结构元素依据、素质教育思想理念依据、国家教育教学质量要求规定依据、国家教育法规作为主要依据进行针对教师、针对学生的评价标准。在制定标准过程中将评价划分为三个层次,即评价项目、一级评价指标、二级评价指标,以宏观到微观的原则开展工作:

课堂教学教师评价表

评价项目	一级评价标准	二级评价标准	得分
教学理念、教学目标 / 共12分	新课程理念 /6分	学生全员参与,并且作为化学课堂的主体得到充分的尊重和重视,课堂上充分体现出民主、自主、合作、探究意识	
	教学目标是否具备全面性 /2分	教学目标下涵盖知识于技能、情感态度与价值观、过程与方法三个维度,同时要体现在整节化学课当中	
	教学目标的可执行性 /2分	以课程与学生的实际情况为依据制定教学目标,目标具体而准确,适合学生发展水平	
	教学目标的导引性 /2分	可以妥当处理化学知识的重点和难点,学生在学习过程中可受到目标的引导	
教学内容和教学程序 / 共15分	对课程资源的充分开发运用 /5分	教师在化学课程教学节点可以充分利用社会、生活、学生自身具备的经验以及在动态教学过程之中成型的教学资源等各类素材,对资源的运用符合学生的认知规律,并且可以有效激发学生内在的学习动力,提升学生主动学习的能动性与有效性	
	课程内容选择足够科学、恰当 /5分	教师选择的课程内容承前启后、知识连贯,并且教学阶段教师思路足够清晰、结构严谨,可以顾及不同层次的学生	
	教学内容组织有序,且探究性适当 /5分	教师按一定主线组织相应素材,引导学生学习,层次分明,逻辑性强。教学设计富有探究性,重在发现学生的问题,让学生主动学习。语言精练,详略得当,给学生留有足够的时间与空间。教师的时间总计不超过20分钟	
教学方法 / 共12分	问题意识强烈,重视学法指导 /4分	学生学习受高质量问题的驱动,有问题就有学习的动力,过程中体现对学生的学法指导。学生在实验、合作中进行自主探究、合作等多样化且有效的学习方式	
	创设学习情景,调动学习动因 /4分	师生共创真实、生动的学习情景,激活学生已有经验和学习情感	
	方法灵活多样,媒体运用恰当 /4分	合理地运用有效媒体及实验教学全面育人的功能,以学生探究实验为主,引导学生设计、操作、观察、思考、互动构建等培养学生的实验思维品质,进而形成学科素养	

评价项目	一级评价标准	二级评价标准	得分
教学素养 / 共11分	合适的课堂管理 /4分	课堂学习时间利用率高，学习问题行为得到恰当处理，引导点拨得当，善于处理意外情况，不拖堂。作业量适中且有特色	
	积极的激励与期待 /2分	学生的表现能及时得到反馈，意见被尊重，信心更充足	
	教师教学基本素质 /5分	学科专业知识扎实，STS知识积淀丰富，学识宽博，较好的语言表达能力，精力充沛	
学习情感 / 共9分	学习的动机与兴趣 /3分	学生学习目标明确，兴趣浓厚	
	主动参与度和学习的广度 /3分	学生喜欢学习、愿意学习、乐于学习	
	民主和谐的氛围 /3分	学生能表达自己的不同观点，阐释自己的奇思妙想，学得愉快，学得轻松，知识的构建水到渠成	
学习习惯与方法 / 共12分	学生学习习惯 /4分	学生有良好的读书习惯，善于观察，积极主动地提出问题并解答问题，有与人合作学习、交流分享的习惯	
	学习方法和规律运用 /4分	学生会获取信息，运用比较、分类、归纳、推理等方法得出结论，善于将知识进行前后联系、融会贯通	
	认知调控学习 /4分	学生学习要有一定自我监控、自我反思、自我调整的意识与能力	
学习活动与过程 / 共12分	合作学习 /4分	组内、班内的讨论与交流，组间竞争评价方法，小组合作、分组实验，具有丰富多样的学习活动	
	自主性学习 /4分	自主阅读、实验质疑及自我探究学习等	
	有意义的接受学习 /4分	学生主动参与，积极思考，联系原有认知结构进行学习。总之，学生智力参与度高，基础掌握好，学科思维品质得到锻炼，效果良好，各种能力提升快	
学习的效果 / 共17分	预期教学目标达成度 /10分	学生普遍具有热忱的学习探究情绪，思维实践活动充分。学习基础不好的学生产生自信，获得成功体验，基础较好的学生创新精神和能力得到展示，不同层次的学生都有不同程度的发展。学生的个性得到张扬，特长得到发展，学生学习中出现的错误倾向得到矫正，教学设计的三维目标得以实现	
	检测的结果 /7分	学生发言、答问、练习、实验等过程中反应快，正确率高	

第十章

新课程理念对初中教师提出的挑战

第一节 角色的转变

1.教师与教师角色概述

角色最早来源于电影或戏剧,是导演剧本作为依据,对每一个角色的称谓。在电影或戏剧当中。角色是独立于每个演员的存在。1943年美国社会心理学家符号互动论创始人米德将"角色"引到社会心理中,用角色的概念对个体在社会生活舞台上的身份和发生的行为进行阐述。由此角色便成为生活中、教学中十分重要的一个概念,站在通俗的角度来讲,角色就是一个个体的身份、职务、地位以及其与身份相应的行为模式,单纯的站在教师工作的角度下看待教师自身的角色,在学校这个由学生和教职人员两类不同角色组成的体系之下,教师一方面是负责对学生开展教学教导工作,另一方面是需要充分对学校内现有的教育资源加以运用,实现服务学生的职责,所以站在教师的角度分析,教师的角色可以包含教学角色、行政角色。在教师角色方面,学校和教育组织的主要功能就是将知识、文化、历史、经验传授给学生,同时对学生进行心理健康层面的培养,促进学生形成健全完善的人格,为了达到这种目的,教师应当站在教学者的角度,向学生传播知识、传递文化,同时要利用一系列有效、科学的方法充分激发出学生的潜能和创造力。与此同时,作为中小学教师,也需要站在促进教学效果的角度,扮演评价者的角色,同时身负为社会教育选材的责任,扮演社会化的角色,在化学教学过程中帮助学生逐步形成健康的人格和正确的社会道德观念,让学生找到自己需要扮演的角色,使其有足够的自身素养去面对未来生活中发生的各种问题并加以解决。在该角度分析,如果将学校比作为家庭,那么教师的角色就是学生的家长。

教师的辅导角色也十分重要,用于协助学生对个人情绪进行平衡,发展学生健全的人格。当学生出现各种问题时,教师还需要扮演医生的角色,解决学生在学校生活中产生的心理问题、道德问题、行为问题、价值观问题,而教师的行政角色是教师需要积极参与并去执行学校做出的决策,有效改善学校的行政效率。

2.传统教育理念下化学教师的角色

传统教学模式下,化学教师都是以一种从上到下的形式开展中学化学教学工作,课程的标准也是由教育部制定,而课程的决定权则掌握在专家、学者、国家教育部门行政人员手中。在这种模式下,全国采用统一教科书、各个学校采用统一教材、教学工作统一教学进度,中考便是这些统一教学框架的指挥棒,指挥着全国中学化学教师如何以考试作为最终目的向学生开展化学教学工作。教师实际开展化学课程授课期间,在这种环境下就会显得十分被动,多数教师都会以照本宣科的形式开展工作,即按照中考考点的考纲,以填鸭式的形式向学生进行化学知识灌输工作。

传统教学理念下,知识永远排在教学工作的第一位,这种思想指导下的化学教材,同样也高度重视化学理论、轻视化学实验,教材内容会一味地侧重于化学知识的逻辑性与完整性,并以教科书作为中心、以教师作为中心开展日复一日的中学化学教学工作。在化学教学过程中,教师会让学生在相对僵硬、十分系统化的教学模式下去学习、去掌握化学的基本知识,而化学教师会对化学教材加以研究,严格以化学逻辑为依据,遵循“结构→性质→用途→制法”的流程组织化学课堂教学工作。例如中学化学教师在教学“乙酸”课程中,普遍的做法是教师带领学生在课上从复习乙酸的氧化入手,首先向学生们展示乙酸,向学生介绍乙酸所具备的物理性质,随后带领学生学习乙酸基本结构,传输乙酸结构具备的化学性质,即酸性可发生酯化反应,并开展实验验证,将乙酸的具体制备方法和用途灌输给学生,课堂上的具体模式是学生听、老师讲。虽然在传统教学模式下,化学课堂也具备化学演示实验,但是,开展试验的目的是单纯的验证化学教材上所提出的理论,并且整个化学课堂都是在教师的控制下开展。而课堂上学生的任务,就是通过教师的讲解,掌握乙酸结构、性质、具体用途、制备法,随后反复练习、巩固知识,最后参加考试。这种教育模式,被称作"银行式教育",面对应试教育可以说效果十分明显,因为"银行式教育",可以让学生和老师共同完成化学教学课程任务,并且能够留出一部分时间让学生去反复练习,可谓省时又省力,并且在此模式下学生成绩提升速度很快,对于教学设备、教具也没有过高的要求。

作为知识传授者和接受者,传统教育模式下,教师与学生之间的关系是"教"与"学",在思想层面,大多数教师都会将自己誉为班级中化学知识的唯一拥有者,而学生是知识的接受者。在这种思想下,教师认为自己的天职就是传授,学生的天职就是学习,所以在整个化学教学过程中,学生需要以老师为中心,在学习过程中以老师的思路和传授的课程为主,而教师实际上是从成人的角度对学生开展化学教学,并没有深刻认识到进课堂上的主体实际是学生。正是这种思想,导致我国不少中学化学教师在工作中很少去真正考虑学生实际的发展规律以及学生自身所具备的技能,更加不会去关注学生的价值观、态度和情感。虽然有部分教师会关注学生的技能、技巧,甚至去重视学生的智力发展,但是绝大多数都是以点缀为主,因此我国培养了一些高分低能的"应试精英",而这也正是多年前化学高才生用硫酸去检验狗熊嗅觉,用"吊白块"形式来漂白食物的原因。

3.新课程下初中化学教师应扮演的角色

在国家不断落实新课程理念背景下,中学化学教师在开展化学教学阶段,需要高度强调在教学工作中培养学生主动学习的态度,而在开展基本技能、基础知识教学的同时,也需要教导学生学会做人、学会学习,促进学生逐渐养成科学、正确的价值观,高度倡导让学生去主动探究知识、乐于参与各种教学活动,并养成勤于动手的优秀品质,有效培养学生对于信息的搜集能力、处理能力。

新课程理念下的课程编排,有效打破了传统课程编排下将知识作为第一要素的模式,降低了内容的烦琐性和难度,同时也有效打破了化学科学教学的传统体制。在统筹考虑学生自身已经具备的社会经验、知识经验基础上,在课程中充分融入自然、人、学科三者的发展观,对知识内容的选择主要围绕能够有效构建学生发展所需化学技术的角度进行深度筛选,不仅极大程度加强了化学课程与生活内容的关联,同时加强了教学内容与社会发展、生产的关联,对学生已经具备的经验与学习兴趣高度重视,充分展现出新课程理念下教学内容的生活化、现代化、适应性特点。与此同时,新课程理念下,其课程内容严格围绕学生开展设计,教学的课程环境也发生变化。下表是新课程理念与传统课程理念下教学环境表现形式的区别:

新课程与传统课程理念下表现形式的区别

序列	表现形式	新课程理念	传统课程理念
1	师生之间的位置	以学生为中心	以教师为中心
2	学生发展关注范围	多方向	单方向
3	学生学习方式	合作学习	独立学习
4	学生学习状态	探究式	接受式
5	学习活动的内容	批判、选择、决策	基于事实知识
6	教学媒体	多媒体、多场合	单一媒体
7	教学背景	仿真、现实生活背景	人工背景
8	信息传递	师生双向传递、交换	单项传递

上表已经展示出新课程与传统课程理念下教学环境的区别,而在新课程理念下,教师需要面临的挑战是,由过去单一的知识传授者转变为学习督促者、新型传授者、校本课程建设者、课程改革研究者。

(1)学习督促者角色

开展教育,其最终目的是有效促进人类获取良好发展。教学的目的,则是促进学生的良好发展,在教学过程中推动学生去学习。学习不仅是学生自身的变化,同时也是学生心理倾向、能力倾向的变化,学生的学习,其主要决定因素在于学生做了哪些,而并非教师做了哪些。站在这个意义角度分析,所有学生开展的学习实际上都是学生的自学,学生的大脑并不是一个必须填满的容器,我们应当将学生的大脑看作等待点燃的火把,而教师同样也不应该是填满容器的人,而是点燃火把的人。作为教师,我们要做一个学习的促进者,这是近年来大量优秀教师结合自身教学经验所总结出的宝贵成果。

在最近的二十年中,教学工作的知识理论已经从原本的行为主义逐渐向构建主义演化,构建主义知识论下明确指出:知识,是由人的意识,同外界环境相互作用所产生的内容,主观性和能动性是人类意识中最大的两个特点,而学生开展的学习行为,就是学习者在特定的情境下,借助教师、同学或是他人的帮助、辅导,基于学校提供的必要教学资源,如教材、参考资料,利用构建的形式获取相应的知识。因此知识是个体构建的,而学习者的学习行为正是学习者自主构建知识的有效过程,化学教师作为学生构建知识的促进者、合作者,应当以积极的态度参与到学生的构建活动之中,并尽力去引导学生树立正确的观念,纠正学生的错误观念,积极参与到学生开放型的学习研究活动之中,以引导的形式让学生充分掌握化学知识真正的方法、步骤。所以,教师应建立一种同学生之间全新的关系。假设将课堂比作音乐会,教师就需要改变传统教育模式下"独奏者"的身份,转变为"伴奏者",并在未来教育工作中不再将传授化学知识作为主要目的,而是要以帮助学生去组织、去发现、去管理知识作为主要工作目的,去引导学生,并非去塑造学生。与此同时,作为中学化学教师,我们也必须深刻认识到,自身开展的化学教学工作,主要的职责已经不是完成教学任务,而是如何更好地促进学生产生学习行为。

作为教学促进者,教师的角色活动必须围绕学生开展,第一,化学教师要充分利用自身具备的能力优势、经验优势、知识优势,去引导学生发生学习行为,在促进主动学习的同时,帮助学生制定合理的学习目标,并帮助学生对学习行为加以协调,确认达到最终学习目标的有效途径。

第二,开展化学教学工作阶段,作为促进者,化学教师有义务为学生打造一个丰富的教学内容,从而有效将学生学习化学知识的动机激发出来,在培养学习兴趣同时将学生积极性调动起来,高度重视创造条件,有效培养学生的自我意识和自我教育能力,为学生构建接纳性、宽松性、支持性的知识构建氛围,促进学生独立思考、积极探索化学知识,在主动参加研究学习的同时,让学生养成良好的学习习惯。

第三,化学教师在课堂上要为学生提供相对重要的合作机会、讨论机会、发表意见的机会。由此可见,化学教师在教学过程中,实际上与学生是一种角色互动的关系。作为化学教师,需要充分鼓励学生去挑战权威、提出问题,在课堂、课后,没有必要回答每一名学生的问题,但是必须高度明确指导学生如何去获取问题的答案,同时化学教师也应积极与学生一起去面对各种问题并加以解决,把自己的看法、情感分给每一个学生,予以学生心理层面的支持与鼓励,也可以采取各种科学、有效的方式提升学生学习化学科学的信心与兴趣。

化学教师开展中学化学教学中的实验教学,需要为学生提供最大化探究的机会,充分发挥化学实验科学探究引导的角色功能。新课程目标改革中的重要内容,就是通过改革教学过程中过分注重接受、记忆、模仿的倾向,让学生主动交流、主动探究、主动合作,有效改进学习方式,使学生真正意义上成为学习的主人。因此,化学教师在充分发挥实验教学功能时,要加强对学生的鼓励,让学生多做实验,并尽可能以随堂实验的形式加以实现,让学生探究实验代替传统教育模式下教师演示的模式,教师此刻需要去验证学生的实验方式,让学生在探究期间深度认识化学变化的规律和化学知识的证实原理。

(2)知识的新型传授者

作为教师,其最显著的职业标志是知识的传播者。在新课程理念之下,中学化学课堂主要的教学形式就是传授化学知识,面对一些基本原理、基础概念、实验基本操作,学生仍旧要依赖于教师的传授。但是,作为中学化学教师,在新课程理念下,当我们处于知识传授的过程中,必须要高度重视知识的形成过程。人们经常说,科学知识作为人类智慧的结晶,其形成的过程处处都浸透着智慧。在现代社会中,知识的多少往往无伤大雅,但是人与人之间智慧的差距,往往会对一个人未来的发展起决定性的作用。只有让学生真正掌握知识形成的过程,领悟到知识形成中所蕴含的智慧,才能够让学生拥有无限的学习能力与创造能力。同时,新课程理念下,在对学生开展化学教学工作期间,还应高度重视学生的自身发展,关注学生的学习行为,重视教学过程中不同学生之间存在的差异性,加强学生之间纵向、横向的交流以及师生之间的交流。

师生互动是化学教学的核心环节。开展师生互动阶段,化学教师务必要引导学生积极参与化学课堂上的各种研究和学习活动。未来课堂教学中,化学知识必然以三部分组成:一、教师自身具备的经验与知识;二、教科书、参考资料所提供的资源;三、通过师生互动和生生互动所形成的全新知识。因此,教师必须充分将师生之间的纵向、横向交流有机贯穿,组成科学的教学网络,并运用最优化的信息传递模式,才可以让学生的思维在整个化学教学过程中始终处于积极、活跃、主动的状态,确保化学教学符合现代教学规律。作为新课程理念下的知识传授者,教师在开展化学教学工作期间,需要将教学知识内容与学生生活中的内容有效关联,即化学教学要同社会生活有密切关联,如此才可有效激发出学生的兴趣,让学生更加轻松地接受知识。正所谓"化学无处不在",在现实生活中,材料、能源、环境和生命被誉为21世纪的四大核心支柱,而这些核心支柱无一例外都同化学科学有着密不可分的关联,所以教师在备课过程中需要最大化去寻找与实际生活相关的素材,对化学教学内容加以补充。

(3)校本课程建设者

现代教育背景下,学生与学生之间具有较大差异,每一名学生都具备独特的性格、潜能、爱好,同样,对于化学科学的兴趣以及对知识的渴求也有所差异。现代课程理论明确指出,课程是极大程度影响学生发展的信息性因素,新课程改革发展的目的就是为学生提供最有利的环境,一切有效的教学课程或成功教学行为,必然存在知识校本化的过程。

在新课程理念下,教育产业摒弃了大一统的传统课程理念,采用了国家、地方、校本三级课程模式以及具体的课时安排,以宏观的形式指导我国中学化学如何开展教学工作。在此背景下,各省级教育行政部门需要以国家课程总体设置为依据,合理针对不同区域去规划课程实施方案,包括课程开发、课程选择,学校在执行国家课程、地方课程时,需要依据实际情况去合理开发适用于本校的课程。为实现该目标,在新课程改革背景下,需要对国家、地方、学校课程在课程体系计划当中所占的比重进行重新划分,并在课程内容、具体课时层面增加弹性,为地方学校提供课程选择的余地。在校本课程发展过程下,作为新课程理念下的中学化学教师,应当以地域情况、学生具体情况作为依据去合理选择与社会生活、学生生活密切相关的化学问题,并将化学发展的历史、未来等相关知识在当前的化学课程内容中加以补充,例如以增强学生人文精神为目标,将化学的发展历史融入课程之中,在学校范围内开展"发现新化学物质校本课程",用化学新物质的发现、化学历史内容的回顾来开展中学生人文教育工作。化学教师可将社会上一系列热点问题以及化学领域相关的科研进展引入化学课堂当中,如胰岛素天然化合物、组合化学等等,彻底打破化学书本和实际生活之间的障碍,让学生在对化学知识产生浓厚兴趣的同时,真正让学生抱着"因需要而学习"的态度去探究化学科学知识。这种形式不仅可有效对学生的兴趣加以激励,同时可有效提高学生学习基础知识的能力,对学生看待化学的视角做出全面性的拓展,促进学生素质的全面提升。

(4)课程改革研究者

完全贯彻新课程改革理念,需要靠教师在开展化学教学过程中逐步去完善。作为新课程改革的主力军,广大中小学教师需要加深对新课程的理解、支持,同时对新课程改革积极参与。中学化学教师需要高度认清课程改革的紧迫性、必要性,改变原有的将教学任务视为自己主要目标的形式,积极地投入新课程理念改革的建设与实施过程中。

新课程改革涉及中学生的需求与目标特性的合法性、教学实施方法的合理性、教学评价的合理性,同时需要考虑在其他配合条件的影响下,如何培养学生正确价值观、科学观问题,具有较高的复杂性和系统性。在新课程理念贯彻过程中,中学化学教师应当将新课程理念转化成为可教的教材并在教学中充分实践,因此在新课程理念下教师还需要扮演课程改革的研究者,面对如下问题带来的挑战。

第一点,新课程理念要求中学化学教学的内容更加全面,知识需要注重实际。作为化学教师,需要考虑如何处理教学内容的全面化问题以及课程内容与有限教学时间的关系,还需要将教学内容联系实际,高度注重教学内容的生活性,同时分析当前开展的化学教学是否是"实用主义教学",如何应用化学教学来培养学生的逻辑思维和非逻辑思维。

第二点,新课程理念下的化学教学,必然有着多元化的特征,而且学生对于课程的适应性也具有较强的差异性,这就需要老师去适应学生,并不是学生来适应老师。新课程理念下高度主张课内课外并重,针对不同的学生因材施教,在这种情形下,教师需要深度考虑学生的课外活动是否要纳入日常中学化学教学中。

第三点,在新课程理念下,化学实验的地位以及在化学教学中的作用将重新定位。传统课程理念下的试验性实验将不再是实验教学的根本任务,化学实验教学目的需要改变为如何带领学生去求知,且中学化学实验教学也有义务让学生认识到什么是真正的科学实验,因此研究性实验和研究性课题将是新课程理念下实验的主导。

第四点,随着科技发展,教育手段必然产生变化,新课程条件下,教师开展中学化学教学必须更加广泛地使用信息化、媒体化手段,而未来的教学资源也会更加体现出信息化、媒体化特征,如何将化学课程同信息化、媒体化融合,如何提高多媒体教学的效果,将是教师需要重点考虑的问题。

第五点,化学教学的方法发生变化,同样需要产生与其对应的多元化评价手段,但是,化学考试是无法避免的过程,那么化学考试的考点如何在新课程理念下加以变化,将是教师需要针对考试思考的问题。

上述五个问题都需要教师在新课程理念下开展教学活动中进行反思、研究,通过不断的创新和改进来提升自己的从教能力以及教学效果。在新课程改革过程中,教育教学问题具有十分明显的情境性和实践性,教师作为工作在教学第一线的工作者,高度熟悉教学内容、教学目标乃至教学对象,因此可以说教师在新课程改革下处在一个十分有利的研究位置上,而这一位置也为教师带来了挑战,如果教师不能将自己的教学活动作为研究对象,那么就很难真正提升自己开展化学教学的能力,同时也很难去有效解决教学改革中出现的各种问题以及学生提出的各种问题。大量教学实践经验证明，开展教育教学研究可以有效提高教师自身的素养，而新课程条件下教师必须主动、科学地去分析教育教学过程中的现象，通过不断反思、观察和研究，对各种教学工作、教学活动做出有效的决策，解决开展化学教学期间遇到的实际问题。一旦教师以一个研究者的心态置身于中学化学教学工作中，那么就会主动去研究心理学、教育学、社会学等诸多领域，对于新问题也会具有更高的敏感度，能够提出更多的创新，随之而来的是教学效果不断地提高，新问题被不断发现、不断解决。

第二节　师生关系的重塑

新课程理念下的主旋律是以人为本，而这一主旋律为中学化学教师带来的挑战就是如何重塑新型的师生关系，如果不真正的去改变师生关系，那么新课程改革就不会有真正意义上的落实。因此，重塑全新的师生关系可以说是教师落实新课程理念的重要任务与内容。一位教师曾经向《中国教育报》发送信件，信件中指出孩子们很难管，总有一些调皮的学生仗着虚拟的网络世界肆意地对老师和学校进行攻击。这一现象可以反映出网络时代悄无声息的到来既推动了学校教学工作的健康开展，同时也让广大教师认识到，师生之间的关系往往并不像他们想的那么和谐，而在新课改理念下重塑师生之间的关系是能否发挥课程改革效果的决定性因素，快速找到突破口，改善老师与学生之间紧张的关系，对于新课改下学校、教师、学生三方未来的健康可持续发展都至关重要。

1.师生关系的内涵

在中国古代社会，教师职业在某种程度上代表一种至高无上的权力，正是这种权力建立起了等级十分森严、不可错乱的人伦秩序。深度分析,中国古代教师所拥有的绝对权威,主要依赖于工具性的逻辑,而并非教师自身的价值,学生对于教师的遵从更多是源自教师是一种"道"的代表化身,而学生对于道德的渴望则是来自"仕"的价值诉求,这种建立在工具性价值基础上的尊严权威,并不利于教师主体性获得良好的维持,同时更不利于民主社会下建立教师职业的价值。

2.师生关系的多重性特点

可以说在开展校园教学过程当中,师生关系是校园系统中最为复杂的人际关系,师生关系之所以重要,是因为这段关系直接决定着学校活动的制约性作用,小到教学效果、教学的方法,大到学生教育的质量乃至教育体系的改革,这些内容都同师生关系联系密切。

在现代教育系统当中,师生关系具有极其明显的特殊性和多元性,特殊性体现于师生关系主要发生在课堂和学校等特殊的环境当中,多元化主要体现在师生关系在不同层面、不同角度上会得到不同的结论。站在哲学角度,师生是主客对立统一的关系;在法律层面,师生关系是两个完全平等的行为主体;在伦理层面,师生关系反映着人与人之间的"长幼"理论,这些师生关系是现代师生观的起源;在管理层面,师生关系则被定论为行政中上下级的关系,当全面质量管理理论进入教育体系中,师生关系演变到服务与被服务的关系;而在心理学角度,师生两方的关系往往被作为两个完全独立的个体,被诸多心理学家开展研究;在教学层面,师生关系则是教学过程中主导与主体的观念。由此可见,深度分析师生关系不可忽视上述这些条件,而经过上述这些条件的整理分析,可以自然明了地看到师生关系的建立需要有一定的条件。

在新课程理念下,需要构建新型的师生关系。所谓新型师生关系,关系到课堂教学过程中的师生角色定位、师生情感体验及师生的互动,同时构建新型的师生关系也是实现落实新课程理念的重要条件。新课程理念要求教师需要在这段关系中实现教师与学生双方的合作,并需要相互尊重、相互信任，教师通过教育教学活动使学生能够深度了解学习的愉悦性和自主学习的尊严性，而在教学过程中，倘若教师因为一些突发的情况或是自身的情绪随意去改变这种新型的教师关系，则无法落实新课程理念。

新课程理念下师生的关系是对立且统一的，而教师处于师生之间矛盾的主要方面，占主要责任，因此教师在师生交互中起着绝对的主导作用。新课程理念下，教师的教学观念、教师对学生的态度、教师对学生的尊重性以及教师自身的道德素养都是一种全新的挑战。

（1）对教师教学观念的挑战

中学教师若想建立和谐的师生关系，就必须肯定学生的价值。每个人都并非孤立的自然存在，而人们也时刻处于社会交往的网络当中，教师与学生首先是作为"人"相遇在一起，从而产生师生关系，因此就应该从人的本质和价值来深度审视师生关系，第一，中学阶段的学生，具有极强的主观能动性；第二，要认识到学生是有思想、有感情、有血有肉的个体；第三，学生是发展中的人类，作为发展中的人类，学生身上各项特征都在不断的变化，而在这一过程中难免会犯错误，而也正是因为学生处在发展过程中，他们的错误和缺点也有极大矫正的潜质，而教师必须从感性、理性两个层面去接受这个事实，处理问题阶段才能够保证足够的冷静和理智。

（2）教师态度的挑战

高尔基曾经说过："谁爱孩子，孩子就爱谁。"孩子爱的人才能够实现教育，爱是教育的灵魂。教师向学生体现出的爱是充分感染学生的情感魅力，很多化学教师总喜欢在学生面前表现得十分神秘、高深莫测，甚至是不可侵犯，从头到尾都体现着自身的尊严。其实这种教学过程的尊严并非真正的尊严，而只是教师的威严，真正的尊严并非敬畏，而是敬重。师生站在人格角度层面分析是绝对平等的个体，教师对学生的爱并非居高临下的平易近人，而应当是发自肺腑的关爱关心，所以只有建立融洽、和谐、亲密的师生关系，才能够有效消除学生对老师的对立情绪，真正用心地接受老师的指导和教学。

（3）对学生的尊重性

要想顺利开展初中化学教学工作，教师需要充分理解学生，然而理解仅仅是基础,教师还应当充分尊重学生,只有尊重学生才能够让学生真正感受到师生的平等,同时感受到自身作为学习者的尊严,才会去主动地信赖老师,获得努力学习的动力。一旦学生认为自己已经失去了自尊,那么必然会失去积极学习的动力,精神的支柱被打垮必然带来消沉的学习态度,因此尊重学生应当被教师放在首位。我国著名教育家韩凤珍曾经说过:"一切难教育的孩子,都是失去自尊心的孩子;好教育的孩子,都是具有强烈自尊心的孩子,教育就是要千方百计地保护孩子最宝贵的东西——自尊心。"

(4)教师自身的道德素养

初中教学阶段,真正能触动学生心弦的实际上是教师的人格魅力,陶行知说过,真的教育是心心相印的活动,唯有从心里发出来的,才能走到内心深处。在一段师生关系中,教师若想得到学生的爱戴,就必须具备人格魅力。在很多人的学习生涯中,可能大量的教师会被淡忘,但是一定有一位到几位教师让我们终生难忘,想起他们就不觉让我们心生感激。这些教师的成功之处就是既教会了学生们做人,也教会了学生们知识,让学生们树立了正确的人生观和价值观,使得多年以后学生回想起来仍然有一种如沐春风的感觉,这就是一种人格力量。对于学生来讲,教师高尚的人格是所有力量都不可取代的一种魅力,而教师在完善自身教学素养的过程中,同时也需要迎合新课程理念,不断地完善自己的个性,让自己拥有宽容、真诚、负责等优秀品质,为优化师生关系提供有效的基础保障,用自己的人格魅力来感染学生。

第三节　素质要求

传统课程理念下,教师的主要责任是完成教学任务,因此教师仅需要具备扎实的专业知识。而新课程理念下,教师不仅需要改变教学理念、教学方法,同时要完善与学生之间的关系,因此对教师的自身素质提出了极大的挑战。教师除了需要具备扎实的专业知识,同时要具备高尚的道德素质,先进的教育理念,还要具备全面的能力。

1.扎实的专业知识

初中化学教师必须具备扎实的专业知识,而这种扎实程度主要体现在三个层次,第一是具备高层次的学科专业知识,第二是具备较高层次的教学理论与教育方法,第三是具备低层次学科教学内容中相关的各种知识。作为中学化学教师,需要不断对自身的专业知识进行充实与提高,只有拥有更加宽广的职业视野,教师才能够真正成为教育的艺术家和教育的诗人。

2.高尚的道德素质

正所谓"教之道,德为先",新课程理念下,高尚的职业道德素质、政治道德素质是新课程对所有教师提出的基本要求,中学化学教师在开展化学科目知识传授阶段,还同样需要负担学生美好心灵及健全人格的塑造。因此作为中学化学教师,必须自身具备坚定的政治信念、较强的政治鉴别能力、高尚的政治理念修养与科学的世界观、价值观、人生观。作为教书育人的主体,教师不仅需要利用学识去影响学生,更需要运用自身的心理品质去影响学生的心灵,日常开展化学课堂教学,教师需要遵循对教育事业的忠诚与热爱,秉持对教师道德基本规范的遵守以及对学生的爱护,积极配合学校开展新课程改革,以自己的言行去潜移默化影响学生。

3.先进的教育理念

教育理念是教师在开展教学工作中对于教育工作本身的理解以及关于教育的理性信念和观念,教育理念所反映出的不仅仅是教师开展的教学工作,同时涉及学生的学习行为,先进的教育理念体现在如下三点。

(1)具备整体发展的学生观

首先,新课程理念下的化学教师必须将施教的目光放在全体学生上,在开展校本课程学习、研究性学习阶段,化学教师必须以学生的具体情况为依据,引导学生、组织学生开展分工协作,在充分发挥学生集体智慧的同时,充分展示出每一个学生的长处。化学教学中一些学生善于操作,一些学生善于资料查阅或是发现问题,同时也有一些学生善于组织管理和语言表达,作为化学教师,必须在开展教学期间及时捕捉到学生在学习过程中有哪些闪光点,针对性地去培养学生独特的才能和志趣。其次,教师需要关注学习者个体的全面发展,在开展化学教学期间,教师应当全面关注学生的情感体验、学生的认知、学生的行为培养。制定教学目标阶段,新课程要求教师同时考虑到学生在认知内应达到的水平,在获取知识过程中价值观、情感态度的培养以及对行为的调节,教学期间不仅需要关注学生当前的实际情况,更需要高度重视学生未来发展的素质和能力,例如学习的兴趣、探索的精神、与他人合作的态度以及创新的意识。

(2)贯彻构建主义学习

站在教育的角度分析,每一个学习者都不应该去等待知识的传递,而是应该运用自身已有的经验以及自身同世界的相互作用去构建自己的知识,并赋予自身具备经验的意义。因此在教学阶段,教师需要依据积极性、构建性、反思性、诊断性来引导学生并鼓励学生参与教学活动,乐于探究构建自己的知识体系。

4.具备全面能力

在新课程理念下,对教师素质要求的全面能力主要体现在四点。

(1)教学设计能力与课程开发能力

新课程理念下,教科书内容、呈现方式具备灵活性与多样性,内容十分丰富,而作为科目相对复杂的化学教师,就需要善于穿越时空,为学生们设计出研究性与体验性兼备的活动专题。同时,新课程理念下的教科书亦具备弹性、开放性特点,要求教师在合理安排基本课程的同时,要为学生留出选择和扩展的有效空间,满足不同个体对于化学知识学习的发展需求,教师需要灵活依据课程内容加以改进,完善教学工作,开展面对学生的创造性教学,同时有意识地不断培养完善自身的教学设计能力。

首先,化学需要对学生的学习情况开展细化分析,研究学生当前水平同教学目标存在的差距,以及后续通过教学能否满足教学目标,并且对学习内容进行深度分析,确定化学教学内容的范围,明确教师自己应该教什么,随后是对学生进行深度分析,了解学生心理层面的状态以及对于学习的准备状态。

其次,在开展初中化学课程设计阶段,需要明确学生通过学习之后可以达到何种认知水平,完成学习后会产生怎样的情感状态,在设计教学策略阶段需要深度研究教学顺序、教学活动的具体安排、教学的组织形式以及教学方法的选择与使用。关于教学媒体的设计,教师要高度慎重选择适合中学化学课程的媒体内容,而教学过程设计则是需要将历史内容运用合理的方式加以表达,向学生展现出课堂教学的各个部分。

完成教学后教师需要做出正确的评价,依据自身的评价能力,从总结性评价逐步转向为更多地关注学生活动的过程性评价,将教学阶段的教师评价、学生自评、生生互评有效融合起来作为主要评价设计内容,让教师在开展化学教学工作过程中有效对学生加以激励。

最后,对于课程的开发,教师不仅要加强课程的选择性,同时还要积极鼓励学生,根据实际情况进行课程资源开发,补充丰富化学课程体系,有效促进学生全面发展。

(2)教学科研能力

新课程理念下, 高度倡导课程共建, 化学教师需要重新认识自己的角色,即教师不再是教科书的忠实传授者、执行者,而是需要扮演专家、学生、家长、社会人士共同构建新课程理念的合作者。化学教师也不应该是一个仅仅能够教书的"匠人",而是拥有正确教育理念、善于合作、懂得反思的探究者。新课程理念下为教师们创造了更多的空间和余地,同时也要求教师必须加强教学工作的探索和研究能力,并为教师提供研究的机会。倘若教师抓住研究机会,不仅可以迅速地落实新课程理念改革,发展自身的教学技术,同时还将赋予自己的工作更加完整高尚的使命。

第十一章

新课程理念下初中化学教师的发展路径

第一节 坚持自我更新

自我更新是中学化学教师自身职业素养的必要素质，在新课程改革不断深入的背景下，教师自身具备的专业能力对于新课程改革的推动十分明显，同时基于学科之间的差异性，对教师的职业素养要求也有所不同。新课程改革背景下，教师开展自我知识更新是化学教师核心素养的重要组成部分，拥有高专业化、视阈广阔的知识结构是化学教师开展中学生化学教学的基本要求与前提，而化学教师除了需要掌握课本上的经典化学知识内容之外，更需要充分了解化学前沿动态以及化学相关领域的知识。为了保证自己的视野始终大于化学教材的内容，始终可以有效激发学生的学习动因，化学教师需要不断对自身的知识结构进行完善，开展终身自我学习，将自己打造为自我更新式教师，让中学化学课程始终充满生机，从而在实现新课程改革事业的基础上，为国家、社会培养全面发展的优秀人才。当下我国教育体系存在不少知识陈旧、长期不开展自我更新的教师，这些教师除了对化学教材上的知识内容十分了解之外，并不会过多地关注当下我国化学领域的发展与变化，其知识的匮乏性导致这些教师注定无法有效开展多元化辅助教学工作的要求，其思想仅仅停留在题之课本与习题上，如此会潜移默化地影响学生，不仅无法达到有效的教学目标，长此以往也会导致学生缺少求知精神和探索精神，因而化学教师必须不断开展自我更新，围绕如下要点开展自我更新工作。

1.充分运用化学文献数据库

目前国内外关于化学领域各个方面的文章每天都在大量更新，同时不同的化学文献数据库更是我们中学化学教师获取知识的有效途径。目前，国内常见的数据库包括知网数据库、万方数据库等,知网数据库下又涵盖了多种不同类型数据,如中国期刊文献、硕士论文、博士论文、专著等。国外方面,目前世界上相对流行的数据库包含 ACS 数据库,Blackwell 数据库、RSC 数据库等,这些国外的数据库收录了大量化学、生命科学、电子金属、采矿、通信等各个领域的研究内容,每一个数据库收录的期刊都不会出现重复现象。若教师要查阅某一篇文章,只需要登录数据库,在数据库中搜索自己想要查阅的方向或是文章名称,通过模糊搜索的形式便可以准确无误地获取自己想要了解的化学知识。在日常业余时间,化学教师应当经常登录这些数据库,去寻找与当前教学内容有关或是对教学有帮助的期刊,抑或是查找学生们可能感兴趣的内容,有效地充实自己的知识领域,并截取合适的内容与片段展示给学生。

此外,化学教师还可以在各大数据库中搜索自己感兴趣的化学论文,并将其集中起来分层次进行阅读,经常归纳与总结科学论文,如此化学教师不仅可以锻炼自己写作的能力,同时也可以丰富自身化学课程知识,并基于自身寻找文献的实践,在教学过程中有效启迪学生如何去自行获取科技前沿相关动态。

2.充分利用图书馆资源

作为补充人类知识的重要营养品,书籍是教师获取知识并不断开展自我更新的重要资源。作为中学化学教师,不仅需要了解化学相关前沿内容,同时还应该去了解化学文化以及化学发展历史等相关内容,将文化和历史贯穿在开展中学化学教学的过程中,站在化学思想文化理论、化学实践文化理论等多个角度带领学生去思考与研究,使学生在学习过程中了解化学知识,深度接受化学文化的熏陶,充分培养学生的创新思维。化学学科的发展就如同一部历史,从最早火药的发明到如今宇宙飞船的发明,无数科学家为化学的发展为之奋斗,而这也正是化学教师应当向学生传授的一种知识和精神,关于化学的文章十分众多,因此教师应当经常走进图书馆去阅读与学习,以便于充分地将化学的发展、化学的历史融入中学化学课堂设计当中。

3.充分沟通与交流

俗话说"三人行,必有我师",教师在不断开展自我更新、自我学习的同时,也需要教师之间相互学习与交流,以协同的方式不断完善多名教师的知识结构。首先在课前与课后时段,化学教师们可以相互交流课上开展教学阶段的经验,相互进行课堂聆听,找出彼此的不足之处,通过交流明确如何巧妙运用合适的化学前沿知识来有效激发学生的创造力与想象力,从而不断提升自己的教学能力。

其次,不同年级和不同学校之间的化学教师应当合理、定期开展教师经验交流,从而实现优秀课程教学资源的分享与讨论,运用教师彼此教学经验的沟通,相互弥补,取长补短,最终达到大范围化学教师的共同进步发展。

最后,化学教师应当充分了解当代中学生的思维方式,以及当代中学生对待学习、对待生命的观点,明确当代学生需要什么样的学习方法,习惯如何听课,需要什么样的化学知识,这就要求中学化学教师在不断自我学习的同时还需深度了解、调查自己的学生,从而创设出学生可以接受的新颖的教学方式与实验,在不断扩充自身课外知识的同时满足班级中所有同学强烈的好奇心。中学阶段的学生勇于尝试,同时热爱思考,一些很简单的化学现象都可能引起学生的好奇,例如铜为什么是红色的,铁为什么会生锈等。假设学生向教师提出:"我将一小瓶硫酸溶液放在桌子上,时间长了会不会导致我金属中毒?"当学生提出这种问题时,化学教师不仅需要向学生传授金属会让人中毒的基本常识,同时也要提醒学生必须具备较强的自我保护意识,不可随意将化学药品带出实验室之外的范围。与此同时,要加强常见生物学知识的积累,充分向学生讲解重金属在人体中的代谢途径以及代谢过程,让学生明白金属如何去破坏人体的功能,日常生活中还需要加强与学生的沟通与交流,从学生身上找到学生爱好的方向以及关注的重点,从而实现对症下药、因材施教。

4.充分利用新课程资源

化学教材是开展中学化学教学中最基本的课程资源，而作为化学教师应当准确地掌握教材、深度研究教材、灵活运用教材，中学化学教师应当大胆地围绕课程资源进行章节编排、内容整合，充分发挥作为教师的主动性，引导学生主动学习。教师教学的基础工具就是教材，在开展中学化学教学阶段，教师首先需要考虑的就是如何将课本上的知识变成学生乐于接受、乐于学习的内容。爱因斯坦认为智慧就是对事物的认知、判断、处理辨析和发明创造的能力，随着互联网与大数据的不断完善，现代中学生已经走入一个知识大爆炸的时代。作为化学教师，必须具备十分敏锐的洞察力、健全的判断能力、分析改变教学的能力，将初中化学教材中的知识进行有效的筛选和重新提炼，将最后的精华传授给学生，这就要求化学教师不断地去更新自己对中学化学课本的认识、理解以及创新。

与此同时，教师应当在各种化学网站、课件资源网站、化学论坛等各种资源下多方收集资料，努力学习化学课程中多媒体课件的制作技术，从而制作出符合当代中学生认知规律和思维逻辑的有效课件，且在课堂中灵活运用媒体课件，在加强师生互动的同时充分把握好课堂的节奏。

作为初中化学教师，应当充分运用学校现有资源充分开发契合当代学生实际、符合本校特点的校本教材，确保化学教学有特色、学生学习有技巧，知识够"新"而且够"精"，并适当对于其他教学资源与素材加以利用探究。例如利用电视节目《人与自然》《走近科学》等，引导学生将化学内容同实际生活加以关联。

5.充分运用名师交流会与继续教育

在落实新课程理念改革阶段，作为学校层面，应当经常性组织化学教师去参加一些著名学者举办的科学研讨会或是讲座，充分了解目前化学发展前沿的动态，从而累积更多的化学素材并运用到中学化学教学中，让课堂的氛围更加活跃，同时增强教师的知识视阈。教育是国家发展的根本，同时教育也是化学教师有效完善自己的渠道。化学是一门基础科学,同时也是发展科学,教师不仅需要具备扎实的专业基础,同时必须要具备与时俱进的精神。作为教师,为了更好地落实新课程理念,有效补充自己的知识积累,应当积极参与到继续教育中,在继续教育中不断学习,才能够有效了解何种知识有新的变化、化学领域出现了哪些新的仪器、有哪些全新的制备方法等,只有这样才能帮助化学教师在中学化学教学过程中有效地为学生传输更加新颖的化学知识,培养出积极创新且热爱化学科学的人才。

帆船可以乘风破浪,而学生是船,教师是帆,知识的海洋就是无止境的惊涛骇浪,只有教师拥有广博与丰富的化学知识,才能全面地教育学生。中学化学教师的自我更新是有效适应新课程改革的基本要素,一旦缺少新知识,那么就很难在学生的大脑中形成全新的思想,便无法实现中学化学新课程理念下的生动化、趣味化特点。因此,不断开展自我更新既是化学教师的责任,也是学生进步的需要,学生需要不断地吸取化学知识的营养,而化学教师也要不断地去完善自我,从而实现更好地为学生服务。

第二节　促进自我发展

教育是国家发展的基石,所谓"百年大计,教育为本;教育大计,教师为本",教师不断促进自我发展,一方面是时代发展的客观要求,一个国家教师的质量直接决定着一个国家教育的质量,同时教师在根本上决定着国家人才能力、国家科技质量乃至国家的世界竞争力。《国家中长期教育改革和发展规划纲要》公开征求意见稿曾经指出,有好的教师才能有好的教育,要提升教师素质,努力塑造一支道德高尚、业务精湛且充满活力的高素质专业教师队伍。由此可见,促进教师发展已经成为我国教育界乃至社会层面的共识。另一方面,教师自我发展是有效促进新课程改革成功的关键要点,站在客观角度分析,教师是新课程改革背景下的关键所在,只有教师的专业得以充分展现,教师的教育水平不断得到提高,才能确保新课程改革的顺利进行。教师已经不再仅仅是课程实施者,更被看成课程开发的研究者与参与者。在新课程理念下,化学课程高度倡导现代课程观、全面发展的学生观、专业化的教师观,这些新课程下的理念若想要有效地在课程中实施,化学教师作为承担者与组织者,其专业素养和专业理念直接影响着课程实施质量的成败。因此提升化学教师质量,不断促进化学教师的发展,已经是新课程改革下的重要任务之一。

1.中学教师促进自我发展的方法

中学化学教师在促进自我发展过程中,应当围绕观念先行和确立愿景两个方法不断地自我发展提高。

(1)观念先行——树立教师自我发展的意识

这在心理学角度分析,从事专业的发展与成长是每个教师个体的内在需求。美国心理学家马洛斯提出"每个人都有不同层次的需求需要得到满足",而马洛斯将每个人的需求划分为七个层次,这七个层次又包含高层次需求和低层次需求,其中低层次需求包括一个人的安全需求、生理需求、归属与爱的需求、尊重的需求,而人类高层次需求相对复杂,包括三个层次,即认知需求、审美需求和自我实现需求。化学教师职业自身已经满足了尊重需求等一系列低层次需求,与此同时,每一名教师还有高层次的发展需求,而这些需求也正是教师不断促进自我发展的内在动因。

教师不断实现自我发展,首先取决于教师是否具备良好的自我发展意识,而自我发展意识是教师实现不断自我发展的主观动力,也是教师实现专业自主发展的基本前提。只有化学教师具备了自我发展的愿望和需求,才能够在开展教学工作阶段主动去寻找自己发展的路径。中学化学教师为了有效落实新课程理念的发展,只有树立自我发展意识,不断对自我的知识体系结构加以优化,才能够让自己的发展保持一定的持久性。

(2)确立愿景——制定自我发展规划

行动的先导环节是计划,化学教师若想要实现自我发展,首先就必须制定行之有效的个人发展规划。很多教师在职业生涯中,今天渴望在教学课堂上取得成就,明天又渴望在科研方面有所建树,到了后天又渴望在教育方法上进行大胆的创新与改变,如此往往造成多年过去,年轻的教师变得两鬓斑白,但是其教学能力仍旧没有得到大幅度的提高,究其原因,正是因为这些教师在推动自我发展阶段缺少有效的计划,缺少针对专业发展的合理自我设计。

正所谓"凡事预则立,不预则废",教师必须在促进自我发展的过程中,根据自己的实际情况制定出完全符合自身专业自主发展的规划,使用规划来指导自己的专业进行发展。那么,中学化学教师应当如何制定自我发展的规划呢?

①自我发展规划制定流程

第一,教师正确认识专业自我

教师开展自我发展规划阶段,需要制定出符合自己专业发展实际的规划方案,因此发展规划制定阶段,一定要建立在教师有明确高度自我认知的基础上。每一个教师个体都存在自我差异性,而教师专业的自主发展规划也必须依据教师的自身情况,具备较为鲜明的个性特征,教师制定规划阶段首先需要对自己进行正确的评估,其评估的内容需要涉及教师自身的各个方面,例如自身的性格、技能、情商、家庭、背景、兴趣优点以及不足等,为了让教师更加准确地认识自己,除了自我认知之外,还可以请身边的人,如学生、同事、学生家长、学校领导等对自己开展评价与分析,结合自我剖析与别人评析的结果,获取一个相对客观的自我认识。

第二,合理定位发展阶段

教师促进自我发展属于动态性的过程,具有十分明显的阶段性特征。教师处于不同发展阶段的情况下,自身的专业素质结构也有所区别,同时面临的发展任务也有所差异。因此,教师的专业自主发展规划必须合乎发展的实际现状,从当前发展现状入手,将当前现状作为发展规划的基点,避免教师对自己制定出过低的目标或是过高的目标。这就要求化学教师根据发展阶段理论，针对不同阶段下的不同特征，合理定位当前自己所处的发展阶段，只有化学教师合理地定位自己的阶段，才能够充分结合自己的实际情况，制定出有效的发展规划。

第三，对外部环境客观分析

教师在促进自我专业发展阶段，外部环境提供的支持十分重要，在制定规划阶段，教师需要充分考虑到外部环境存在的诸多不利因素和各种有利条件，确保规划更符合外部环境的当下实际情况。站在大环境角度分析，全新一轮的课程改革为化学教师的专业发展提供了十分广阔的平台。这对教师来讲不仅是一个难得的机遇，更是一个十分严峻的挑战。站在小环境分析，课堂、学校是教师专业生活的主要地点，同时也是教师推动自我发展的主要战场，教师需要充分利用社会层面、学校层面的各种环境资源，为自身的发展提供有效的推动与帮助。

第四，制定合理的发展目标

有了目标才会有方向，有了目标才会有动力，在教师深度认知自我、合理定位发展阶段、对外部环境客观分析后，基本上就可以确立自己专业发展的整体目标，高度明确合理的目标，会让教师对自己的发展有一个十分清晰的认知，而在强烈目标意识的催动下，也可以产生教师不断促进自我发展的动力。在制定目标阶段，教师可以将自我发展目标划分为近期目标、中期目标、长期目标，教师的近期目标是对自我发展过程中一次次成功的体验，教师的中期目标是一次一次对自我水平的超越，而长期目标则是未来发展的美好愿景。

第五，科学制定行动方案

教师自我发展的目标不论多么宏伟，都需要付诸行动才可以实现。在确定发展目标之后，便需要围绕目标开展具体的行动，同时为了将行动落在实处，教师需要制定的行动方案。制定阶段针对自身当前的实际情况，充分考虑到外部环境的影响因素，将发展目标进一步细化分解，明确实现目标的具体步骤与方法，同时在制定行动方案阶段要高度注意选择科学的行动策略，避免在自我发展阶段出现盲目行动的现象,促进自我发展的高效运行。

第六,合理修订发展规划

教师推动自我发展,上文已经提到这是一个动态发展的过程,而时代在不断进步,个人发展阶段一步一步落实的背景下,原本完善、科学的发展规划有可能变得漏洞百出, 此刻就需要化学教师在促进自我发展过程中合理调整与修订自我发展规划, 确保发展规划始终符合自身专业发展的实际情况,让自身发展始终在正确的轨道高效运行。

②案例分享

本文以上海市立达中学2018年度优秀教师李萍的个人发展规划为例。

《我的自我发展规划》

李萍

我是一名教师,我是人类灵魂的工程师,这正是我儿时的梦想,而几年前这个梦想终于成为现实,我人生的舞台就是三尺的讲台,在这个舞台上我将演绎我完美的人生,三年以来,我在教学工作中深深地体会到,仅仅凭借教学的激情远远不够。只有制定明确的计划才能成为一名优秀的人民教师,我还有很长的路要走。

一、自我剖析

(一)我的优势

我深深的热爱我的职业。作为教师,我对职业的热爱是我不断促进自我发展的动力。

我具备扎实的化学专业知识,可以为化学教学提供有效的保障。

我具备很好的语言表达能力和亲和力, 能够在课堂上让我和我的学生以及我的同事之间进行非常良好的沟通与交流。

对于现代信息技术我掌握得很熟练,可以使用丰富的教学手段制定丰富的教学策略。

我敏于思考、勤于学习,年轻的我可以接受各种新鲜的事物。

在几年的教育工作中我积累了大量的经验, 而这些经验就是我不断促进自我发展的宝贵财富。

（二）我的不足

我的文字表达能力比较差，我有想法，但是总会出现言不尽意之感。

我日常开展工作更多是根据学校的安排，因此我的主动性还需要继续增加。

我没有很强的自我发展意识，同时我自我发展的能力也需要一定程度的提高。

二、我的自我发展目标

当一名教师是我儿时的梦想，现在我的梦想终于实现了，我相信有多大的理想就能够演绎出多大的人生。在未来我必将成为最有创意的"编剧"，为我的化学课堂教学开展精彩的设计。在我的课堂中，我是一名优秀的"导演"，我要将课堂变成学生的舞台，让他们尽情展示自己的才华，让他们全面而和谐的发展。在课后我是一名优秀的"影评人"，对课堂开展深度的评价和反思，以便于我和我的学生更好地学习与发展。在未来，我必然会成为一个理论造诣很深，研究能力极强的教育研究者，成为学者型的教师，研究型的教师。

总体分析，我的发展目标就是从一个当前教学新秀变成一个教学新手，随后依次变成启蒙名师、教学能手，最终成为专家型教师或是特级教师。

新秀（当下）——教学新手——启蒙名师——教学能手——专家型教师/特级教师。

三、行动方案

（一）多读书

每天读书一个小时，包括教育理论名家名著、化学课程以及教育新理念。

每个月必须阅读《化学教学》《化学教育》《新华文摘》《中学化学教学参考》等图书，每年至少读四部中外文学名著或是社会学科、人文学科方面的书籍。

在读书期间必须做好读书笔记，表达出自己的心得与体会，进行反思和感悟。

（二）多写作

每天下班坚持写反思日记。每天课后坚持写反思笔记，每个学期至少发表一篇论文。

及时记录平时的所想、所见、所思、所闻。

（三）多实践

每周至少参加两次听评课程，同时积极参加教师们的集体备课，向其他老师多学习，不停地提高自身的业务素质。

多举办公开课和汇报课，多参加优质课程评比，提高课堂的教学能力，同时积极参加学校教研、主持，参与课题研究工作，不断提升自身的研究能力和水平。

2.中学教师促进自我发展的途径

教师的自我发展是有效推动学生全面发展、提升化学教学质量的方法。教师开展教学活动，课堂教学是主要阵地，优化课堂教学、有效提升课堂教学质量是构建教师专业素质结构的主要目标，中学化学教师在不断促进自我发展的过程中，需要围绕学习、反思、研究三个途径，将学习、反思和研究同教师课堂的教学有效融合，使其相互协同、相互推动。

(1)学习——教师实现自我发展的第一需求

教师是社会文明发展的主要推动者，同时教师也应该成为终身教育的实践者。站在教师自我发展角度分析，教师的专业自我发展应该是一个持续性发展的过程，专业和成熟只是相对的，而教师专业的发展才是绝对的，所以学习这一行为必然贯穿于教师职业生涯的开始和结束。教师需要不断地学习实现自我更新、自我充实、自我超越，同时学习不仅可以提升教师的能力与素养，也可以让教师不断地进行自我的思想更新，始终保持一个创新的状态。

站在初中化学教师自我发展的角度来分析，目前我国中学教师其自身的专业素质结构、实践性知识、条件性知识还相对欠缺，而研究能力、反思能力也有待提升，这些有待提升之处都要求中学化学教师要将学习行为作为促进自我发展的主要途径，在学习的过程中实现专业的自主发展。

①教师学习的主要特征

教师开展的学习,属于成人学习,美国成人教育学家诺尔斯创立了著名的成人教育学理论——成人教学论,成人教学论有效地揭示了成人学习最大的特点,就在于具备十分鲜明的自我指导性,因为成人学习具有不同于青少年和儿童学习的特征,所以充分了解教师的学习特征对于提高自我发展能力、推动自我学习效果有着至关重要的意义。总体分析,教师的学习具备如下特征。

特征一:基于问题解决开展学习

初中化学开展教学工作阶段属于系统化的工作,在开展教学设计、实施、教学评价期间,往往会遇到许多问题,而解决这些问题的有效办法便是不断地去学习。化学教师的学习需要以解决化学教学实践问题来开展,以工作阶段与个人发展中遇到的具体问题作为出发点,将解决问题作为教师学习的原动力。因此,总体分析,化学教师的学习指向教学实践工作中的实际问题。

特征二:基于经验开展反思学习

教师基于经验开展反思学习包含两方面内容,第一,教师开展学习需要在反思自身的教育理念、行为基础上开展自主学习,这是一种自我引导式的学习方式。第二,化学教师有着属于自己的知识结构,所以化学教师在学习新知识期间,知识的意义构建建立在教师自身已有经验的基础之上,新知识必然要经过反复检验与分析,而这一过程中教师自身原本具备的经验也会得到反思和修正。

特征三:基于研究的学习

上述提到的教师的学习直接指向教学中的具体问题,而问题解决的过程实际上就是教师开展研究的流程,教师的行动研究需要解决开展日常化学教学中的实际问题,有效改进教育实践,而教师的行动研究高度强调研究的主体是教师,研究行为是教师为了完善自身的教学方法、教学途径、教学理念而开展的研究工作。与此同时,化学教师开展学习阶段也离不开与其他教师的合作,每一个教师的个体知识都是教师之间学习交流的重要资源。

②初中化学教师学习的主要内容

在初中化学教师不断推动自我完善学习过程中,应当围绕自身专业素质结构加以完善,以提高教学质量作为终极目标,针对如下内容开展学习:

内容一:学习作为教师的职业道德规范,不断增强自身的使命感与教书育人的责任感,同时不断提高作为教师的道德修养。

内容二:学习化学课程理论,特别是关于化学课程的目标结构评价实施等,提高在新课程理念下教师自身的教学能力。

内容三:学习教育的新理念,不断更新开展教学过程中的教学观点。

内容四:学习教学理论,尤其是关于化学的教学理论,要不断提升化学教师自身的科学素养。

内容五:开展心理学、教育科学、知识教育学等相关研究,从而有效增强化学教师自身的理论水平。

内容六:学习人文社会等相关学科的知识,不断提升化学教师自身的科学素养与人文素养。

内容七:学习教育科学研究内容,不断提升教师自身的教育创新能力以及教育研究能力。

内容八:学习化学学科专业的知识,充分了解当前化学前沿的新动向、新信息,不断更新自我知识结构。

内容九:学习多媒体技术知识,从而有效提高化学教师现代技术的应用能力,以便于运用现代技术开展高效的化学课堂教学。

③学习的方法

中学化学教师通过学习不断促进自我发展阶段,还需要掌握正确的学习方法,才能保证高效性与实用性的学习。

方法一:在书本中学习

苏霍姆林斯基曾经提出教师要每天看书,终身将书籍作为朋友,用这种一天也不间断的潺潺小溪充实着思想江河,阅读并不是为了明天上课,而是教师本性的需要,出自教师对于知识的渴求。

阅读期刊、阅读图书是化学教师学习的主要方式,也是最简单便捷的方式,开展阅读性学习需要注意以下几点:第一点是教师需要选择可以提高自身职业素养的期刊和图书,第二点是要制定合理的读书计划,将读书作为自己日常生活的习惯,第三是要坚持做读书笔记。站在中学化学教师的角度下,阅读性学习的内容除了教育理论、名家名著、教育理念之外,中学化学教师还应该特别关心化学教学论、心理学、教育学、化学教学策略等相关书籍。

方法二:在合作中学习

如果两个人都手持一个苹果,那么相互交换后,两个人依然只有一个苹果,但是如果两个人把各自的思想交换,那么每个人都有两种思想。教师在促进自我发展的过程中,并不应是独立和封闭的形式。相反,教师在学习过程中应当加强同其他教师的交流与合作,有效促进自身的专业发展。初中化学教师可以通过多名教师来建立发展学习共同体,在共同体中,多名中学化学教师成员有着共同的发展愿景,可以通过相互学习、相互帮助,实现资源共享,有效促进中学化学教师的自身发展。

方法三:在反思中开展学习

教师学习的过程就是构建知识的过程,而这种构建行为必然建立在对知识的反思和批判基础之上,教师的反思主要是对教学的反思,教学反思的对象应当是教师在化学教学过程中的教学行为、教学思想、教学理念。运用深度的反思,教师往往可以总结出自身存在的不足之处和成功之处,这对于化学教师促进自我发展来说无疑是至关重要的内容,故教师在反思过程中开展学习,实际上也就等于从自己的教学中开展学习。与此同时,教师学习实践性知识,与教师的反思二者之间有密切的关联,实践性的知识具备最大的特点是情景性和内隐性,所以实践性的知识获取极大程度依赖于化学教师在日常工作中对自身的反思,对教学工作的经验积累和感悟。

方法四:在研究中开展学习

很多化学教师无法有效推动自我发展,其主要原因是对教育研究能力的缺乏。为了解决这一问题,教师只能通过学习的手段来实现,化学教师可以通过学习教育研究方法,在实践过程中不断提升自己的研究能力,促进自己的专业发展。化学教师开展研究是以解决日常工作中的实际问题为导向,以提高化学教学质量作为最终目的,而有效地解决问题,其关键就在于教师的学习,因此化学教师应当管理自己的研究和学习能力,使其相互促进。

新课程理念改变了传统的教学观点和师生观点,在开展中学化学课堂教学阶段,学生变成学习的主体,教师变成学生的指导者和促进者,而教师的学习应当在教学中开展,通过师生之间的互动和生生之间的互动,促进学生和教师双向的学习与发展。

(2)反思——自我发展必经之路

化学教师开展反思,其本质在于一种理解和实践之间的对话,是双方之间相互连接的桥梁,同时也是教师实现自我、理解自我心灵层面的沟通。在教师的专业素质结构当中,反思意识和反思能力属于重要的组成部分,是教师不断促进自我发展的核心因素,只有教师具备了反思的意识与反思的能力,通过不断地反思自己在教学过程中运用的教育理念以及教学方法,并结合有效的调整与改善,才能够实现自我发展。

①初中化学教师反思内容

当教师处于不同的发展阶段,其专业素质的结构有所差异,因此反思意识和反思能力也存在一定的差异性,继而反思的内容重点也有所不同,通常中学化学教师的自我反思内容可以从如下几个角度进行考虑。

内容一:开展初中化学教学期间,反思自身的教学理念是否符合新课程理念下的要求。

内容二:对于初中化学教学设计工作,是否取得了预期的效果?制定的教学目标是否能站在学生认知的实际角度出发?开展中学化学教学内容的深度与广度是否具备合理性?教学策略是否科学?教学媒体内容是否适用?

内容三:初中化学教学过程是否得到优化?学生是否主动积极地参与到各项学习活动之中?化学内容的呈现方式是否合理?师生的互动是否有效?学生与学生的互动是否有效?所创设的教学情景是否合理?在教学过程中是否有失误的地方或是不精彩之处?

内容四:所开展的初中化学教学,其教学效果是否足够好?教学的评价是否足够科学?学生是否通过教学得到了相应的发展?在教学工作中是否存在失败的教训,同时是否积攒了成功的经验?在教学过程中是否出现了有研究价值的问题?

内容五:以上所反思的问题是否已经得到解决?应当怎样解决?问题解决之后,对于中学化学教学有什么指导意义?在学生发展的同时,教师自身是否也得到了发展?

②中学化学教师反思的方法与途径

当中学教师具备了反思意识,明确了反思的具体内容,并不意味着就可以顺利地在工作中实施反思,中学化学教师还需要去掌握科学的反思方法,采取适当的反思途径来确保反思的系统化,从而更好地利用反思来实现自我发展。

方法一:培养良好的反思习惯

教师在开展中学化学教学过程中进行自我反思,充分总结自我发展过程中的失败教训和成功经验,不仅可以有效地丰富教师自身的专业知识,提高专业能力,同时可以强化自身的专业意识,继而有效促进良性发展。中学化学教师必须充分认识到开展自我反思对于自我发展存在的价值和意义,形成良好的反思习惯。

在时间层面,中学化学教师可以根据自身的实际情况,每天在固定的时间内开展反思,同时撰写反思日志,实现教师自我反思的要点——制度化和经常化,中学化学教师需要将反思作为自身专业生活中的组成内容之一,以日积月累的形式实现自我反思。短期之内的心血来潮无法促进有效的自我发展。与此同时,在教师进行每日反思的同时,每隔一定的时间还需要将前一段记录的反思日志进行详细的梳理,将反思过程中获取的心得与感悟进行升华,并做成阶段性总结,从而更好地推动自我发展。

站在反思内容的角度上,中学化学教师不仅要对自己的教育理念进行反思,还需要对教学实践情况、专业发展的速度等开展全方位的反思,深度明确自身的专业态度、自主意识、兴趣爱好,这些都会对自我发展产生重要的影响,而定期开展自我反思是保证自身得到有效发展、持续性发展的动力。

方法二：撰写反思日记

教师在开展中学化学教育阶段，应当撰写反思日志，将每天发生的有意义的事情加以记录，同时描述事情的体会、感悟，实现有效的自我监督与自我管理。中学化学教师的反思指向自身的专业发展，因此教师不但需要在课堂教学之后开展反思，而且在没有课堂教学的日子中同样需要每天开展反思，因为教师每天的专业生活都需要围绕自身的教育工作而开展。

与此同时，在撰写反思日志阶段，中学化学教师可以采取多样化的灵活形式，例如随笔、写日记或是散文等，同时也可以根据自己的喜好采用其他的方式撰写反思日志，并以当天发生的专业生活而确定内容，因为化学教师每天的专业生活都有所差异，个人的备课、批改作业、课堂教学乃至参加培训都是化学教师专业生活的主要内容，因此化学教师的反思内容可以是自身的态度、自身的行为、自身的观念，同时也可以是在开展教学活动中每一个环节的内容，例如开展的教学设计、选择的教学策略、选择的评价方式等。

方法三：对关键事件加以记录

教师促进自我发展是一个动态性的循序渐进的过程，但是在教师自我发展的过程中，很多特定时期、特定人物、特定事件都会对教师的自我发展产生较大的影响，我们将影响教师发展的特殊事件定义为关键事件。所谓"关键事件"，就是对教师一定时期内自身素质结构的适应性、合理性加以评价的有效体现，这些关键事件都需要一一进行记录，因为它们对于教师自我发展有极大的帮助。当教师开展教学工作经历特定事件，如果教师自身具备反思意识，可以及时对其进行深刻的反思，分析自己过去专业素质结构是否合理，就可以对未来的专业素质结构进行正确的选择与决策，同时在开展中学化学教学工作中进行专业素质重构工作，在这个过程中，教师的自我发展会得到良好的促进。相反，如果教师不具备反思意识，或是反思意识较弱，无法对特定事件开展反思，那么该特定事件对于教师自我发展便失去了促进的作用，也就不能将其称为关键事件。

方法四：在学习中反思

在反思阶段，教师需要在有效的指导下才可以顺利开展，而教师的反思活动实际上就是教师对于自己教育行为、教育理念开展自我认知与自我评价的过程。但凡是评价就必然有相应的参照标准,教师需要通过教育理论内化构建成反思评价标准,缺少理论必然会造成评价标准水平过低,而缺少理论支持也会导致反思水平过低,所以教师必须加强自身理论知识的学习,才能够保证高水平的反思。化学教师往往会忽视教育理论的学习,这是造成自身不具备反思能力的主要原因。

方法五:在研究中反思

教师开展反思的对象是教师本身,而反思的内容是教师在开展中学化学教育阶段所采用的教育理念以及教育方法,教师开展反思的目的是对自己的教学行为进行不断的优化,以实现自我发展。教师开展反思的意义并不仅仅在于反思的过程,更重要的是教师能够将反思的结果应用到实际的教学工作当中,开展反思本身便是一种研究的形式,教师开展反思可以提升研究的质量,在研究的过程中,教师也必然需要不断地开展反思,因此反思和研究二者是相互促进、相辅相成的。

方法六:在教学中反思

站在教师的角度,教学工作是专业生活的核心,教师的反思内容是教师采用的教学理念和教学方法,与此同时,教师的反思也贯穿了教学的整个过程,倘若将课堂化学教学作为一个时间维度,那么中学化学教师在开展教学设计、课堂实施之后,都需要开展反思工作。因此,可以说教师的反思工作是为了优化化学教学而诞生,而反思也必然是在教学的过程中开展。

(3)研究——促进自我发展的阶梯

苏霍姆林斯基曾经说过,"如果你想让教师的劳动能够给教师一些快乐,使每天上课不致变成一种单调乏味的义务,那么你就应当引导每一位教师走向从事研究这条幸福的道路上来。"

新课程理念下,新课程改革为教师们提供了机遇和发展的平台,同时也带来了严峻的挑战。在化学课程新理念实施过程中,中学化学教师必然会遇到一些困难和问题,而这些新的困难和问题若想得以解决,开展教育研究是最佳的途径。作为一名中学化学教师,不应仅仅成为别人研究成果的消费者,而应当积极地投入到研究行动中,在研究中不断提升自己的实践教学能力和理论水平,在教育中实现自我促进发展。

①教师研究的特点

教学工作是化学教师专业生活的核心内容,所以教师的工作应该都围绕着教学开展,而教师开展的研究也不例外,中学教师与理论工作者不同,教师所研究的内容与理论工作者相比,具有其十分明显的特点。

特点一:教师的研究是基于实际教学中的问题所开展

在教学过程当中,教师会遇到一些短时间之内无法有效解决的问题,若想解决问题,则必然通过研究行为来实现,教师开展的研究并不是为了研究而研究,同样也不是为了名利而开展。教师的研究高度强调教师自身的参与性,是为了有效解决问题而开展的自觉性行为。

特点二:教师的研究工作要以解决实际问题、有效改进教学为目的

教师的研究更加注重对实际问题的分析、反思、认知。因此,教师的研究工作并不是理论研究者所开展的单纯理论研究,不会过分地强调理论的建设或是理论的创新。

特点三:教师的研究在教育教学过程中开展

教师,即问题的研究者,又是实践者,所以教师的研究属于一种行动研究,而行动研究强调的是教师作为研究主体,在开展研究与实践互动阶段有效改进教学并提升自己的方式。

②中学化学教师研究的内容

中学化学教师开展研究工作,其对象在于化学教学实践中的各项因素,研究的最终目的就是有效地促进学生发展,同时促进自己发展。因此,中学化学教师研究的内容主要围绕学生、自己和教学。

内容一:研究学生

在新课程核心理念"一切为了每一位学生发展"的指导下,教师要高度倡导新型的学生观,在中学化学教师开展教学工作阶段,需要积极地为学生创造良好、合理的发展环境,将学生发展作为最终目的,高度关注学生的个性,确保每一个学生都能得到教师的关注,得到充分的发展。教师需要深度

了解学生、关注学生、研究学生,这些研究内容是教师实现自我发展的主观需要,同时教师在开展学生研究过程中需要高度关注学生的思维发展特点、生理发展特点、情感发展特点、品德发展特点、社会发展特点。

内容二:研究自己

很多中学化学教师经常忽略对自己的研究,若想有效地实现自我发展,对自我的研究恰恰又是最为关键的内容。站在教师推动自我发展角度分析,教师自身的专业素质结构、目前教师处于何种发展阶段、教师的自我评价,这三方面对于自我发展都至关重要,他人的评价需要经过教师自身的内化才可以认可。站在教师自身专业发展角度分析,研究自己就是要分析自己的不足,围绕自身的知识结构、能力结构、教育理念等方面开展深度的反思,找出缺陷,才能够树立正确的发展目标。

内容三:研究化学教学

教师对学生、对自己开展的研究,其根本目的都是研究化学教学,只有保证教学的高效性才能实现"教"和"学"两方面的成果,让学生真正获取全面性发展。而如何去实现高效的中学化学教学,就要求中学化学教师从教学设计、实施、评价等多个方面入手开展深度研究,不断对教学过程进行优化。

③中学化学教师研究途径

教师开展研究行为的先决条件是问题意识,然而仅仅具有问题意识并不代表研究就能够顺利开展,中学化学教师还需要具备一定的研究能力和有效的研究途径,才能保证研究工作有效进行。

途径一:在学习中研究

中学化学教师开展研究,除了自身首先必须具备较强的研究意识,同时需要掌握科学的研究方法,即补充研究方面的知识作为研究工作的支撑。与此同时,教师必须具备一定的教育理论修养作为保障,而研究方法方面的知识和理论修养,恰恰正是我国中学化学教师所欠缺的内容。知识是能力的基础,教育研究工作知识的缺乏必然导致中学化学教师缺少充足的研究能力,因此中学化学教师若想开展有效的研究,那么就应当加强自身教育学、化学教育研究、心理学、化学教学论等领域的知识补充。

途径二：在反思中研究

中学化学教师开展研究工作需要建立在问题的基础之上，若想有效发现具备研究价值的问题，中学教师就必须对教学实践开展细致的观察和反思。上文提出反思本身就是一种研究过程，而反思的意义在于反思之后对问题如何进行解决与实践，解决问题最有效的途径就是研究，这正是反思和研究二者之间的交互作用，只有二者充分交互，问题才能真正得到解决。

途径三：在教学中研究

对于化学教师来讲，其工作的核心内容是开展中学化学教学，而化学教学研究的内容也是围绕着完善化学教学工作而开展。离开化学教学，化学教师所研究的内容就失去了价值与意义，而教学本身是一种具备创造性的活动，只有化学教师抱着研究的态度去开展对学生的教学工作，才能够充分体现出教师在教学活动和研究中的价值，即在教学中开展研究，在研究中开展教学。

基于上述的分析可以看出，教学是中学化学教师专业生活中的核心工作，学习、反思、研究都需要围绕化学教学开展，三者在化学教学促进自我发展的过程中相互促进，不可偏废且缺一不可。而教学、反思、学习、研究四者需要同期互动、互为一体，才能够真正实现促进教师自我发展阶梯的建设。

第三节　坚定改革目标

在新课程理念下，化学教师需要高度明确新课程改革的目标，并在工作的过程中坚定改革目标，细化执行改革总目标下的培养目标，在明确新课程培养目标特点的基础上逐一实施具体目标，即实现课程功能转变目标、课程结构改革目标、课程内容改革目标、课程实施与学习方式改革目标、评价制度改革的目标、课程管理体制改革的目标。

1.坚定培养目标

初中化学教师开展化学教学工作阶段需要高度坚定新课程改革下对学生的培养目标：

①充分体现出时代的要求，让学生通过学习，逐步培养爱国主义、社会主义、集体主义精神；

②充分继承和发扬中华民族的优良传统与革命传统，让学生通过学习具备社会主义民主法治意识，主动遵守社会公德和国家法律；

③通过培养，让学生逐步形成正确的人生观、世界观、价值观，具有社会责任感，愿意努力为人民服务；

④让学生具备初步的创新精神、良好的实践能力，同时具备科学人文素养以及良好的环境意识；

⑤让学生具备可以适应终身学习的基础知识、基本知识以及有效的学习方法；

⑥让学生具备健壮的体魄、良好的心理素质，逐步养成学生健康的审美情趣以及生活方式，通过培养，让学生成为有道德、有理想、有文化、有纪律的一代新人。

2.明确新课程培养目标的特点

在新课程理念下，培养学生需要中学化学教师高度明确新课程培养目标的特点：

①充分联系教育的德育目标和时代的要求；

②突出学生的创新精神、实践能力、环境意识以及人文素养；

③将化学基本知识和基本技能的学习与终身学习加以关联；

④在强调学生健康体魄的同时，强调学生健康的心理培养。

3.坚决贯彻新课程改革具体目标

（1）实现课程功能转变目标

改变传统课程理念下课程高度注重知识传授的模式，在新课程理念下高度强调形成学生积极主动的学习态度，让学生在获得化学基础知识、化学基本技能期间，同时成为爱学习、会学习的人，形成正确的价值观。具体分析，从传统课程理念下单纯注重传授知识的模式，转变为高度关注学生学习过程的方式，引导学生学会学习、学会生存、学会合作、学会做人，打破传统基于精英主义思想以及升学所需的过于狭窄的模式，将化学课程定位高度关注学生"全人"的发展。所谓"全人"，即让学生同时具备社会责任感、终身学习能力、健全的人格等良好意识。

（2）实现课程结构改革目标

新课程改革致力于改变传统课程理念下课程结构过于强调学科本位、缺乏整合以及科目过多的现状，站在整体的角度去设置课程门类以及课时的比例，增加综合性课程，从而适应不同地区、不同学生对于发展的需求，充分体现出课程结构的均衡性、选择性、综合性。这种课程结构的转变主要体现在如下三点。

①减少中学课程门类，将美术、音乐等课程合并为艺术课程，将自然、物理、化学、生物合并为科学课；

②在新课程理念下，保留传统学科课程的同时，加设综合实践活动课，主要内容围绕研究性学习、信息技术教育、社区服务等，其目的在于加强学生的创新能力和实践能力，在提高学校与社会发展联系的同时，培养学生的社会责任感；

③淡化学科的界限，新课程理念下高度强调学科之间的综合与渗透。

（3）实现课程内容的改革目标

新课程理念下有效改变传统课程理念下繁、难、偏、旧的特点以及过于注重书本知识的模式，进一步加强课程内容与学生生活、现代社会发展、科技发展之间的关联，高度关注学生的学习经验与学习兴趣，精选出终身学习必备的基础知识、基础技能。对于课程内容的转变基于以下四个要点开展工作：

①改革课程的内容，在新时期、新课程理念下，重新确定基础技能、基础知识，删除传统课程理念下繁、难、偏、旧等实际应用意义较小的内容；

②基于信息、知识快速发展的时代，精选出终身学习、终身发展必备的基础知识、基本技能；

③基于现代社会特点，让化学课程内容的设置从培养精英转为培养大众的课程内容。面向大众的课程应包括如下内容：

a.获取信息，培养学生对信息获取、评估、加工、处理、分析的能力；

b.清晰思考，培养学生对价值观的思考、逻辑以及使用数学推理的形式去解决生活中的问题并积极思考，同时具备预测能力；

c.有效交流，包括文字、语调及肢体语言，例如学生在公共场合中可以掌握身体语言和讲话的语调，具备用正式、非正式文体书写的能力，具备快速阅读、快速浏览的能力；

d.理解人类环境，让学生掌握有关于人类环境的各种知识、如生物学、自然地理、地质学、人口学等；

e.知晓人类与社会的关系，让学生掌握人类和社会进步、发展的相关知识；

f.个人的综合能力，包括学生自我保护必须具备的教育、训练；

④新课程理念下，不会再刻意地追求学科体系的严密性或是完整性，同时不会再以学科为中心开展教学，而是高度注重知识和学生的经验相结合，让新知识、新概念建立在学生的现实生活基础之上。

(4)实现课程实施与学习方式的改革目标

改变传统课程实施阶段过于强调死记硬背、机械式训练的模式，在新课程理念下倡导学生主动参与学习活动、勤于动手以及乐于探究的精神，培养学生处理信息的能力、搜集信息的能力、获取新知识的能力以及分析问题和解决问题的能力，同时促进学生交流与合作的能力，该内容的转变主要体现在如下三点：

①新课程理念下,致力于改变学生长期以来接受性学习、死记硬背、机械化训练的灌输式教学模式;

②改变传统课程理念下教师为主导的学习模式,同时有效改变学生的学习方式,高度强调学生主动参与、乐于探索知识、勤于动手开展实验以及乐于与他人交流合作的学习模式;

③改变学习内容的呈现方式,在新课程理念下,在课堂上高度强调学生的主体地位,有效促进学生积极主动探究知识、学习知识。

(5)实现评价制度改革的目标

新课程理念下,要求建立一种具备发展性的评价体系,改变传统课程理念下过分强调甄别与选拔的模式,充分发挥评价的效果来促进学生的发展,同时促进教师改进教学实践的功能。

(6)实现课程管理体制改革的目标

改变传统课程理念下课程管理过于集中的现状,实行国家、地方、学校三级课程管理,在新课程理念下增加课程对于地方学校以及学生的适应性。

第四节　完善自我评价

在新课程理念下,教师需要不断完善自我评价。教育部制定的《基础教育课程改革纲要》对于课程改革的目标要求中,明确指出改变课程评价下过分强调评价的甄别与选拔功能。在传统课程理念下,受教育观念、教育目标、课程结构乃至教学方式的约束,评价通常只作为对于教师和学生开展管理的工具,并且高度强调评价下的竞争作用和刺激作用。在新课程理念下,教师要对自我评价进行有效改革,将其作为促进自身成长的经常性工作,从而改变传统课程理念下评价的效果。通过有效的自我评价对自我有一个明确的认知,充分总结自身的优势,发挥长处,吸取教训,改正自身的不足,并勇于对自己进行检讨。在自我评价中对日常开展的化学教学活动实施进行评分,充分发挥评价的真实性与生活性。

1.新课程理念下教师自我评价的意义

(1)促进教师成长

新课程理念下开展自我评价是促进教师成长的必要条件之一,只有教师对自己的教学经常开展有意识的评价,并对教学实践开展反思、积累,才能有效提升自身的教学水平。一个化学教师能力的提高,实际上就是对教学经验积累和反思的过程,而对教学开展自我反思与评价,则是教师积累经验、提高日常工作中教学素养的有效方式。传统课程理念下,习惯运用形式上的培训以及注重对优秀教师的模仿、学习来开展对教师的评价工作,实际上忽视了教师自身经验的积累,同时也忽视了教师自主的发展,并且传统课程理念下开展的培训,往往存在针对性不强、时效性不高等问题,只有教师对获取的经验开展深度的思考、提炼、总结,才能够真正促进教师自身发展。

(2)课程改革促使教师需要开展自我评价

教师在开展中学化学教学阶段原本就存在较强的灵活性,而新课程理念更加增加了这种灵活性,包括教师在开展中学化学教学阶段的预期教学效果、需要达到的教学目标、化学教学的对象、采用的教学方式、教学过程的设计都具有极强的灵活性。新课程的改革高度强调教师要从上述多个方面开展创新工作,而这一要求也注定教师必须擅于开展自我评价,通过不断地积累、总结和完善,形成具备个人特色的教学风格。

新课程改革为教师的教学过程、教学方法和教学理念都提供了创新平台,然而全新的理念以及全新的课程改革,在实施过程中必然会出现全新的问题。化学教师仅凭传统教学模式下的经验与教训,短时间内必然无法解决新问题,而每个教师都不可能仅仅等待他人研究出成果直接运用,只有自己成为研究者,开展深度的评价,总结出一般规律,才能够解决教学问题,不断自我完善。

2.新课程理念下教师自我评价方向

(1)充分总结自身优势,发挥自身长处

每一名中学教师在开展中学化学教学阶段都有得有失,成功之处在于自己的教学得到了有效的检验,或者是某一疑难问题在教学过程中得到了解决,也可能是在与学生的互动过程中获取了某些新的启示。而不论是哪一方面的收获,教师都有必要开展课后记录与总结,继而用于自我评价,通过长时间的积累、整理与自我评价,才能得出规律性的教学方法,供自己后续的教学工作开展参考以及作为开展自我评价的对比标准,同时也可以在与专家、同行深度交流之后获取进一步的提高,逐步形成属于自己独特的教学风格。

(2)吸取教训,改正自身不足

相信每一位化学教师都会有这种体会,即使在开展化学教学阶段认真备课了,但是并非每一节课的教学效果都能让人满意,例如对某个化学定义的阐述可能会出现不够严密的问题,或是对某一个举例不够生动,也可能是在分析某一道难题时思路不够清晰。与此同时,化学教师在开展化学教学工作中,常常潜意识里对一些特别优秀的学生过分关注,而对某些知识薄弱的学生视而不见,这属于一种教师职业道德水平无意识的缺失现象,这是由于教师对于学生缺乏关爱、对学生缺乏尊重的体现,也不利于学生的全面发展,不符合新课程标准下的要求。对这些问题的处理,教师往往很难意识到自身的错误,只有开展评价,引以为戒,勇敢地正视自己的不足之处,吸取教训并及时弥补,才能真正改正自身的不足。

(3)去疑存真,深度研究

中学化学教师在开展教学工作阶段经常会出现两个方面的困难,第一是解决学生的疑问,第二是解决自己的疑问。不论是一个初出茅庐的年轻教师,还是一个具备丰富教学经验的教师,在课堂上都会出现没有及时解决学生问题的情况,而一旦学生存在疑问,作为化学教师,就应当针对学生反映出的问题开展深度的研究,结合课后的自我评价为后续教学和复习奠定基础。通常,一些年轻教师对教材中的内容理解并非十分透彻,甚至对有些问

题似是而非,通过课堂的教学,教师自己可能会感受到这些问题,而在课后教师应利用自我评价,对自己的疑问深度思考,并及时讨教,彻底吃透教材。与此同时,中学化学教师还应对自己在开展化学教学过程中的重点、难点安排是否合理开展自我评价与反思。

3.教学开展自我评价的具体形式

新课程理念目前已经充分体现在中学化学教材中,化学教师需要注意,理念并非仅仅留在教材中,而要真正地将新课程理念融入自己的教学行为。为了明确自己在开展教学过程中是否真的将新课程理念体现出来,大量学者针对化学教学的评价都开展了不同深度、不同角度的研究,包括教师自我评价思路、自我评价方法等,这里向各位化学教师提供一种以测试表形式开展自我评价的方法。

这张表中有 20 道题目,分别代表着不同的化学教学特征和化学教学行为,中学化学教师应当对自身在新课程理念下的化学课堂教学行为进行评价打分,将评价填入表格中,计算获取的分数,明确自己的教学行为处于何种状态,是否需要改变教学策略,应当重点对哪方面加以改善。

此外,表中 16 题描述的"真实性评价",具体指教师在真实的生活环境下去评价学生对于自身掌握化学知识的运用,以及利用化学技能解决实际问题的能力,是有效检验学生综合能力的评价方式。最后,根据上述的评价来检验自身教学行为对新课程标准的符合程度,每个分值范围都代表着不同的成绩,教师可依据分数来明确自身未来需要提高的具体方向。

新课程理念下化学教师自我评价表

序列	化学教学活动	自我评价给分			
		从不 0分	极少 1分	偶尔 2分	经常 3分
1	在化学教学阶段, 我更强调的是概念的理解,而并非死记硬背				
2	教学中我鼓励学生学会思考、解决化学问题而并非用背诵来解决问题				

序列	化学教学活动	自我评价给分			
		从不 0分	极少 1分	偶尔 2分	经常 3分
3	我会要求学生将化学现象与他们生活中发现的现象加以关联				
4	我会要求学生以探究性活动的形式去学习化学知识				
5	我要求学生研究一个问题时不仅仅用一种方法，而是采用多种方法				
6	我会带领学生学会通过分析化学现象以及数据得出结论，并非直接告诉学生问题的答案				
7	我要求学生运用化学实验去论证自己的想法，而并非直接告诉其最终答案				
8	在化学实验中我会高度关注、培养学生的团队合作意识				
9	开展化学教学阶段，我会引导学生去探索知识，而并非一直给学生灌输知识				
10	在课前、课后我会要求学生在生活中调查一些化学现象，如环境污染等内容				
11	我是否经常与成绩较差的学生交流？是否走访过这些学生的家长？				
12	我是否安排学生在课余时间去参观与化学科学相关的工厂、企业				
13	我经常运用某种化学现象或是化学问题开始一堂化学课程，而并非以下结论或是平铺直叙的形式教学				
14	对学生开展测试阶段，我更加重视学生对化学现象、化学概念的理解，而并非考查学生对知识的记忆情况				
15	在课堂上，我的学生可以熟练运用自身已经熟知的化学知识或是刚学到的化学知识				
16	我会使用多种方法对学生们开展评估，包括使用真实性评价				
17	我希望通过《化学课程标准》的学习，让学生们获得化学技能				
18	我会使用过程性评价，对学生们的最终学习结论做出评价				

序列	化学教学活动	自我评价给分			
		从不 0分	极少 1分	偶尔 2分	经常 3分
19	我会运用《化学课程标准》提出的要求与方法进行化学知识的传授				
20	我的学生们可以用化学语言来描述、表达化学现象和化学原理				
	总得分				

参考文献

北京大学化学与分子工程学院普通化学实验教学组. 普通化学实验, 第 3 版[M]. 高等教育出版社, 1996.

优才教育研究院. 初中地理课堂教学典型问题解决案例 [M]. 四川大学出版社, 2013.

李伯华, 李四同. 唤起课堂的生命活力: 来自农村初中教学改革的草根实践[M]. 南京师范大学出版社, 2013.

Tan X, Ullrich C, Scheuer O, et al. Requirements of Chinese Teachers for Online Student Tracking and a Comparison to Their Western Counterparts[M]// New Horizons in Web−Based Learning −ICWL 2010 Workshops. Springer Berlin Heidelberg, 2010.

郑柳萍. 化学教学设计[M]. 化学工业出版社, 2011.

王义堂, 田保军, 王硕旺. 新课程理念与教学策略[M]. 中国言实出版社, 2004.

王松泉. 语文课程新理念导读[M]. 社会科学文献出版社, 2006.

关文信. 新课程理念与初中语文课堂教学实施[M]. 首都师范大学出版社, 2003.

关文信. 新课程理念与初中化学课堂教学实施[M]. 首都师范大学出版社, 2003.

黄燕宁, 马金星, 汪峰. 初中化学有效教学模式[M]. 北京师范大学出版社, 2014.

Michalchik V, Rosenquist A, Kozma R, et al. Representational Resources for Constructing Shared Understandings in the High School Chemistry Class−

room[M]//Visualization: Theory and Practice in Science Education.2008.

Curtis K D B. A modified research approach teaching style in a high school chemistry classroom[M]. 1997.

顾思信. 生活处处有化学[M]. 江苏科学技术出版社, 1982.

Zou L H,Li J,Chen W C,et al. Relationship Between Learning Quality and Learning Approaches of High School Students on the Subject of Chemistry [M]//International Conference on Science Education 2012 Proceedings. Springer Berlin Heidelberg,2014.

姚如富. 化学课教学设计经典案例研究[M]. 武汉大学出版社, 2015.

王后雄. 新理念化学教学论[M]. 北京大学出版社, 2009.

华瑞年. 化学工程与应用化学[M]. 大连理工大学出版社, 2014.

West G A.INFLUENCE OF HIGH SCHOOL SCIENCE ON GRADES IN COLLEGE CHEMISTRY[J].1932, 32(8):911−913.

龚晓斌. 中国大学英语教师角色的历史嬗变:问题与对策[M]. 苏州大学出版社, 2014.

曹顺仙,薛桂波. 高校思想政治理论课"一体化"探究式教学模式的理论探索与实践创新[M]. 北京理工大学出版社, 2014.

何贤桂. 父母与老师的最佳沟通: 家校结合, 别让孩子伤在中小学[M]. 中国妇女出版社, 2013.

Osguthorpe R.On the Possible Forms a Relationship Might Take Between the Moral Character of a Teacher and the Moral Development of a Student[M]// Environmental overhead of labor(EOL)embodied in trade: The case of 2002 China −U.S. trade. 2009.

[美]雷夫·艾斯奎斯, 卞娜娜译. 第56号教室的奇迹:让孩子变成爱学习的天使[M]. 中国城市出版社, 2009.

刘丽红. 中学生学习主体性与学业成就的相关研究[M]. 黑龙江大学出

版社, 2014.

北京师联教育科学研究所. 新课标通用创新教学设计案例精选:小学高年级数学[M]. 学苑音像出版社, 2004.

张强. 思想政治教育教学改革的创新与实践:广州市属高校思想政治理论教育教学的理论与探索[M]. 中国广播电视出版社, 2010.

张红. 社会学专业综合创新实践教学模式的探索[M]. 西北农林科技大学出版社, 2006.

丁东澜, 徐青, 董婧. 资源共享的开放教学模式: 杭州下沙高教园区教学资源共享纪实[M]. 浙江大学出版社, 2009.

Melero J, Elkechai N, Yessad A, et al. Adapting Learning Paths in Serious Games: An Approach Based on Teachers'Requirements [M]//Computer Supported Education. Springer International Publishing, 2015.

胡久华. 化学课程与学生认识素养发展[M]. 北京师范大学出版社, 2011.

王存宽. 大学科学素养读本(化学卷):引领现代化学进展的诺贝尔奖[M]. 浙江大学出版社, 2006.

王恩哥. 北大才斋讲堂: 科学精神与学科素养[M]. 北京大学出版社, 2011.

周卫勇. 走向发展性课程评价:谈新课程的评价改革[M]. 北京大学出版社, 2002.

刘志军. 走向理解的课程评价:发展性课程评价理论探索[M]. 中国社会科学出版社, 2004.

[美]罗伯特·M.戴尔蒙德,黄小苹译. 课程与课程体系的设计和评价实用指南[M]. 浙江大学出版社, 2006.

Freed L B.An evaluation of the conventional and a modified method of teaching high school chemistry[M]//Reconstruction:the ending of the Civil War

/.Holt, Rinehart and Winston, 1941.

毕华林, 亓英丽. 高中化学新课程教学论[M]. 高等教育出版社, 2005.

Steiner L E.Contribution of High-School Chemistry Toward Success in the College Chemistry Course [M]//Ensaios de sociologia do desenvolvimento.Pioneira, 1932.

刘济远, 曹建英. 本色作文全程导写教与学（初中版)[M]. 北京师范大学出版社, 2012.

徐江, 董爱军, 岳亚军. 中学语文这样上: 徐江新解读与教学实践(初中版)[M]. 福建教育出版社, 2013.

Holley M G.Examining and Characterizing Changes in First Year High School Chemistry Curricula[M]//Examining and Characterizing Changes in First Year High School Chemistry Curricula. ProQuest LLC.789 East Eisenhower Parkway, P.O. Box 1346, Ann Arbor, MI 48106.Tel: 800-521-0600;Web site: http://www.proquest.com/en-US/products/dissertations/individuals.shtml, 2010.

Trsic M . A Serious Glance at Chemistry[M].2010.

Hattori H, Langley R H.Chemistry: 1,001 Practice Problems For Dummies)[M]// Chemistry: 1,001 Practice Problems For Dummies (+ Free Online Practice). Wiley & Sons, 2014.

Kamon T, Fujii H . Practice and Effect of Lessons on Inquiry Activities in Senior High School Chemistry: Focusing on Students'Attitudes Toward Chemistry[M]//Science Education in East Asia. Springer International Publishing, 2015.

吕崧. 问题启迪思维:"问题链"在初中化学教学中的运用[M]. 上海交通大学出版社, 2014.

刘克文. 初中化学教师专业能力必修[M]. 西南师范大学出版社, 2012.

Gemert B V. A New Start [M]//All Positive Action Starts with Criticism. Springer Netherlands, 2015.

鲍正荣. 化学新课程教学技能研究[M]. 科学出版社, 2013.

廖军, 秦有才, 喻建军. 新课程下的化学教学实践与研究[M]. 中南大学出版社, 2012.

Tadasu M.Modern educators and their ideals [M]//Modern educators and their ideals /.D.Appleton and Company, 1909.

杜正雄. 中学化学新课程教学设计[M]. 科学出版社, 2014.

肖信, 汪朝阳. 信息技术与化学教学:演示·新课程·课件素材[M]. 化学工业出版社, 2005.

Kincheloe J L E, Steinberg S R E.Cutting Class: Socioeconomic Status and Education. Culture and Education Series[M]//Cutting Class: Socioeconomic Status and Education. Culture and Education Series. Rowman & Littlefield Publishers, Inc.15200 NBN Way, P.O. Box 191, Blue Ridge Summit, PA 17214−0191. Tel: 800−462−6420; Fax: 800−338−4550;e−mail:custserv@rowman.com; Web site: http://www.rowmanlittlefield.com, 2007.

任文. 联络口译过程中译员的主体性意识研究[M]. 外语教学与研究出版社, 2010.

北京师联教育科学研究所. 新课标通用创新教学设计案例精选:高中代数[M]. 学苑音像出版社, 2004.

张汉昌, 赵菡. 开放式课堂教学法研究[M]. 河南大学出版社, 2000.

丁东澜, 徐青, 董婧. 资源共享的开放教学模式: 杭州下沙高教园区教学资源共享纪实[M]. 浙江大学出版社, 2009.

胡兴昌. 中学生物学实验教学理论与实践[M]. 科学出版社, 2010.

朱玉军, 金增瑗. 高中化学教师拓展读本: 高中化学教学要点完全解读(必考模块)[M]. 化学工业出版社, 2013.

Emery, Prescott T.A study of the developing relationship between student and teacher during a quarter course : using the perceptions of the participants and two observers [M]// The Iraqi war criminals and their crimes during the Iraqi occupation of Kuwait:Center for Research and Studies on Kuwait, 1971.

陈迪妹. 中学化学实验教学与创新研究[M]. 科学出版社, 2014.

刘一兵, 沈戮. 化学实验教学论[M]. 化学工业出版社, 2013.

吴凤英. 新课程有效教学疑难问题操作性解读, 初中化学[M]. 教育科学出版社, 2007.

杜玉霞. 中小学信息化教学资源的优化与应用策略[M]. 中国社会科学出版社, 2013.

Helsby G.Changing Teachers' Work: The "Reform"of Secondary Schooling. Changing Education Series[M], 1999.

陈波. 新课程理念与初中英语课堂教学实施[M]. 首都师范大学出版社, 2003.

关文信. 新课程理念与初中数学课堂教学实施[M]. 首都师范大学出版社, 2003.

高洪德. 高中英语新课程理念与教学实践[M]. 商务印书馆, 2005.

顾建军. 高中技术新课程理念与教学实践[M]. 商务印书馆, 2006.

刘静. 新课程理念的现实落脚点:"自学、释疑、达标"课堂教学模式[M]. 福建教育出版社, 2014.

肖成全, 吴涛. 综合实践活动课程的理念建构与操作策略[M]. 四川大学出版社, 2003.

Koch M.Ideas and Implementation of an Internet-Based System of Qualification for Teachers in a Federally Structured Education System:Using the Example of Economic Education Online(Germany)[M]. IGI Global, 2016.

马云鹏, 李广, 刘学智. 新课程理念下学科素养评价研究[M]. 东北师范大学出版社, 2007.

王娟, 李娜. 高分速成宝典: 新课程改革理念·教师职业道德修养·教育法律法规及政策[M]. 教育科学出版社, 2012.

Khine M S, Lourdusamy A . Reflective analysis of teachers' behaviour and students' perception of classroom interaction [M]//Contemporary Approaches to Research on Learning Environments.2006.

卢正芝. 校长视域下的教师专业发展[M]. 浙江大学出版社, 2010.

谢翠梅. 连锁企业采购管理[M]. 对外经济贸易大学出版社, 2010.

陈仕清. 英语教师专业发展新路径[M]. 广西教育出版社, 2012.

李美凤. 技术视野下的教师发展论[M]. 教育科学出版社, 2011.